青春文庫

図説 家康が築いた

江戸の見取り図

中江克己

JN044963

青春出版社

はじめに

江戸が好きだ、という人は多い。それだけ江戸にはさまざまな魅力があるということなのだろう。

徳川家康《とくがわいえやす》が江戸に入府《にゅうふ》したのは天正《てんしょう》十八年（一五九〇）八月一日。江戸湊《みなと》には諸国の商船が出入りしていたが、太田道灌《おおたどうかん》が長禄《ちょうろく》元年（一四五〇）ごろに築いた城は放置されたままだった。

本書『図説 家康が築いた江戸の見取り図』のカバーには、家康が築城した初代江戸城の絵図「江戸始図《はじめず》」（松江歴史館蔵）が用いられている。石垣や堀、天守《てんしゅ》などが描かれ、高い防衛力を備えていたことが見てとれる。

家康はこの江戸城を中心に、商人たちが江戸経済の発展を図《はか》った日本橋界隈《かいわい》をはじめ、庶民が住む裏長屋などの造成を計画した。築城工事と城下町の開発は、二代秀忠《ひでただ》、三代家光《いえみつ》へと継続され、寛永《かんえい》年間末に一応の完成を見た。ざっと四十年の歳月を費やしたことになる。

急速に発展した江戸の景観は、絵師の手によって屏風絵《びょうぶえ》に描かれ、いまに残っている。

江戸の繁栄を象徴する賑《にぎ》わいの様子も見事だ。往来する武士たちや庶民の姿などがいきいきと描かれ、画像資料として評価は高い。

本書の特徴はそれもさることながら、建物の内部に入り込み、見取り図から江戸城を図解したほか、商人たちの暮らしぶりを知ることもできる。さらに湯屋《ゆや》（銭湯）、居酒屋、芝居小屋、職人や三味線《しゃみせん》師匠の家、寺子屋《てらこや》の内部も紹介した。

さまざまな見取り図や図解によって、心豊かで元気な江戸の人たちの暮らしぶりと、庶民が愉《たの》しんだ江戸文化の魅力を実感していただければ、著者としてはいうことがない。

中江克己

図説　家康が築いた江戸の見取り図◆目次

四章　商家の見取り図と江戸の商い　121

五章　町屋の見取り図と町人の暮らし　161

カバー写真／『江戸始図』松江歴史館
本文デザイン・図版／ハッシィ
『江戸名所図会』／国立国会図書館
近代デジタルアーカイブ

一章

江戸の見取り図と町並み

大江戸八百八町

空から見た江戸の町

江戸は入江に臨むウォーターフロント

江戸の町を空から眺めたら、どう見えるのか。これは、いまのわたしたちも興味があるが、江戸の人びとも好奇心旺盛だからそのようなことを考えたのだろう。多くの絵師たちは、その期待に応えて屏風絵《びょうぶえ》などに江戸の町を描いた。一般的に「江戸図屏風」というが、これを見ると五重の天守《てんしゅ》がそびえる江戸城をはじめ、周辺の様子が詳しく描かれているほか、日本橋と魚河岸《うおがし》、浅草や隅田川、郊外での鹿狩りなどが描かれていて、江戸の町の様子が手に取るようにわかる。

江戸図屏風のひとつに津山《つやま》藩の御用絵師、鍬形蕙斎《くわがたけいさい》が文化《ぶんか》六年（一八〇九）に江戸の全景を描いた『江戸一目図屏風』（岡山県指定重要文化財）がある。墨東《ぼくとう》（隅田川中流の東岸）の上空から一望したような鳥瞰図《ちょうかんず》で、江戸景観図中の傑作だ。

西の方角を向かって描いており、手前には隅田川の流れが左右にのび、左側の江戸湾にそそぐ。隅田川の中央から西北へたどると神田川の流れだし、その左側には

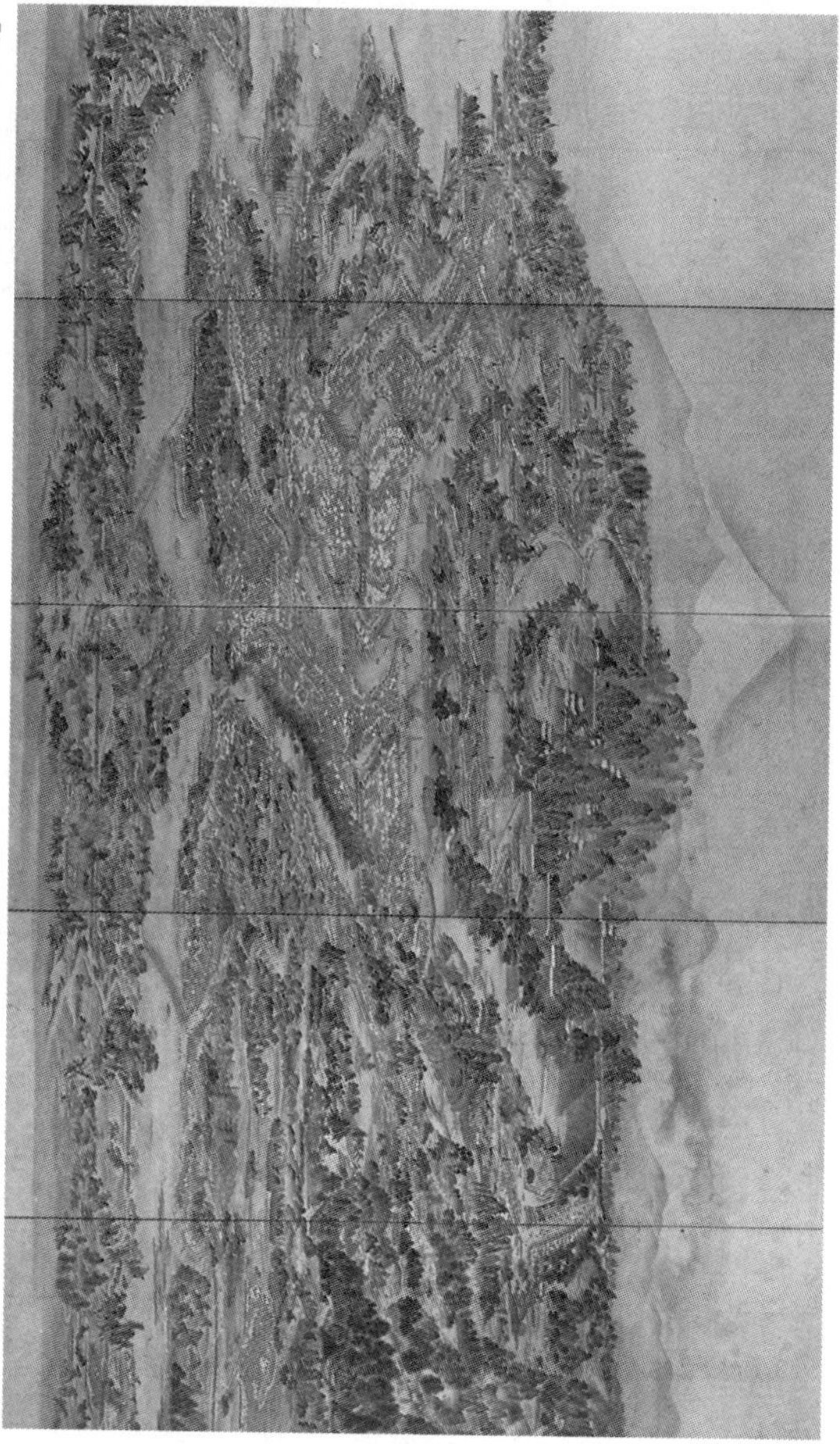

『江戸一目図屏風』

鍬形蕙斎紹真筆。六曲一隻176センチ×352.8センチ（津山郷土博物館蔵）

日本橋川と日本橋。隅田川には両国橋がかかり、近くには柳橋、さらに西へ行くと馬喰町《ばくろちょう》だ。江戸湾沿いには八丁堀《はっちょうぼり》、芝、築地などの家々がひしめく。

日本橋の西には江戸城がそびえ、遠くには富士の山が見える。こうして江戸の町を眺めてみると、江戸というのはウォーターフロントの町であることがよくわかる。

江戸という地名も、もともとは「江所」といい、「江（入り江）に臨む所」という意味だったという。

◆船の行き交う「水の都」

『江戸一目図屏風』が描かれた文化六年といえば、江戸も後期で十一代将軍徳川家斉《とくがわいえなり》の治世。江戸の町は人口百万といわれるほど発展し、独自の江戸文化も栄えていた。

しかし、家康が入府《にゅうふ》する前、日比谷入江《ひびやいりえ》（現在の新橋〜日比谷公園、霞ヶ関）が江戸城近くまで入り込み、その東側にある江戸前島（現在の有楽町、丸の内、京橋あたり）に、いくつかの村がある程度だった。

本格的な江戸の町づくりがはじまったのは、家康が初代将軍となった慶長《けいちょう》八年（一六〇三）から。いまの駿河台《するがだい》から大手町辺りまでつづいていた神田山を切り崩し、

水路と河岸が整備された水の都

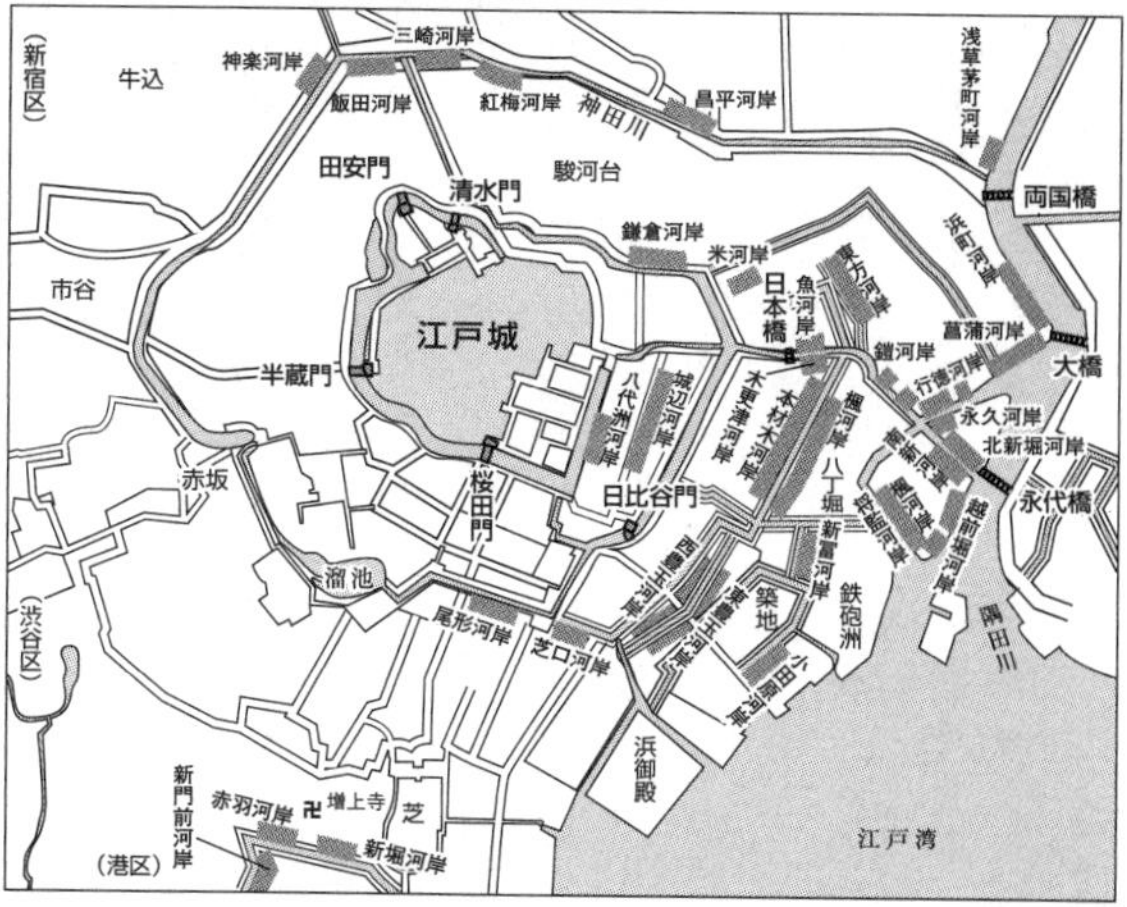

その土砂で日比谷入江を埋め立て、広大な市街地を造成していった。

その一方で堀などの水路も整備され、さまざまな船が荷や人を乗せて行き交っていたのである。当時の江戸は「水の都」といってよいほどだった。それだけに、船入堀も多く、さらに七十か所ほどの河岸《かし》もあった。河岸は船着場のことだが、武家専用のものは「物揚場《ものあげば》」と称した。

江戸が世界的な大都市になったとはいえ、市中には農地があちこちに広がっていた。いまの渋谷や新宿あたりにも農地が多く、のどかな田園地帯だった。

江戸の市街地　どこからどこまでが「江戸」なのか

●郊外へ郊外へ…拡がっていく城下町

江戸の市街地は、まるで生き物のように拡大しつづけ、江戸中期には、面積的にも世界で一、二を争う大都市になっていた。ヨーロッパや中国などの都市は、城壁に囲まれた城郭《じょうかく》都市が多く、農地を市街に組み込むことはなかった。しかし、江戸には九十二もの城門があり、江戸城を中心に内堀や外堀がめぐらされていたとはいえ、城壁で囲まれていたわけではない。そのため、人口が増えたり、火災で市街地が焼けると、農地を宅地化するなど、再開発して、郊外へ郊外へと拡大することが容易だったのである。

現存する最初の江戸図は『別本慶長《けいちょう》江戸図』とされる。慶長七年（一六〇二）の作成と推定されるから、家康が幕府を開く一年前。まだ日比谷入江が描かれており、本格的な開発がはじまる前の江戸の姿がうかがえる。

寛永《かんえい》九年（一六三二）刊行の『武州《ぶしゅう》豊島《としま》郡江戸庄図』は三代将軍家光《いえみつ》のころの

『慶長江戸絵図』

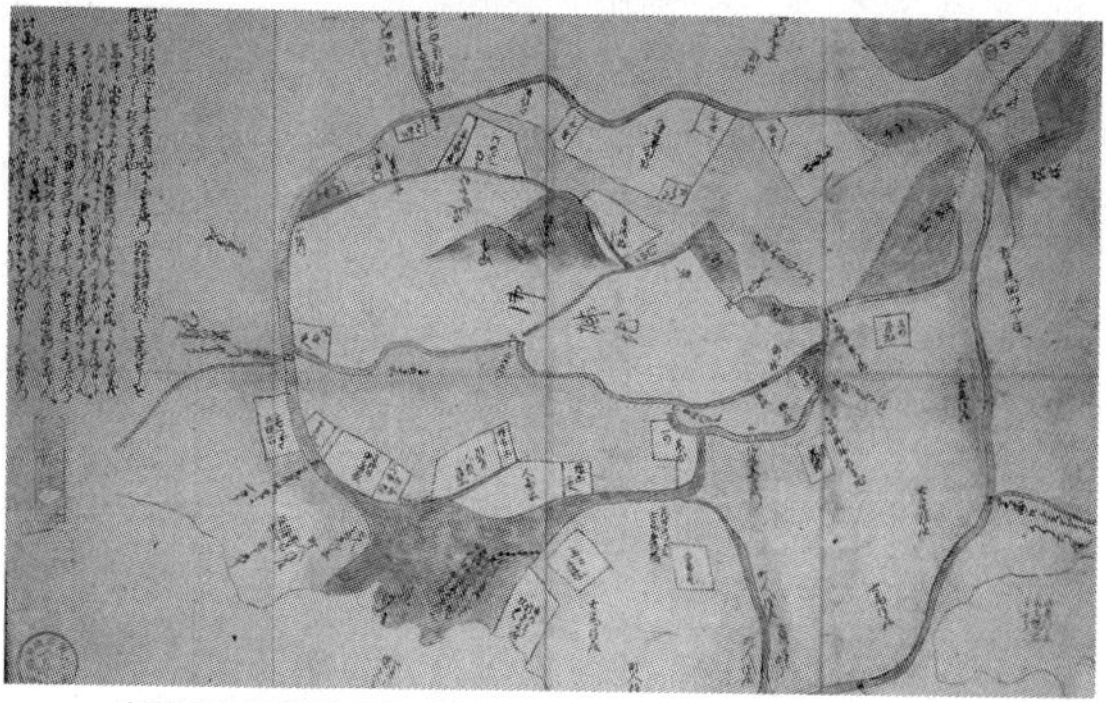

慶長13年（1608）ころの様子を写したと言われているが、復元図であるという説もある。　（東京都立中央図書館東京資料文庫蔵）

もので、だが、やがて江戸の町づくりも基礎ができていく。

慶長〜寛永年間（一五九六〜一六四三）に成立した町並みを古町と呼び、およそ三百町あった。

明暦《めいれき》の大火後、大胆な再開発が進められ、新たに三百町が町奉行の支配下に加えられ、六百七十四町に増えた。さらに、正徳《しょうとく》三年（一七一三）には二百五十九町が加えられ、合わせて九百三十三町にと拡大したのである。

俗に「大江戸八百八町」というが、これは「たくさんある」という意味と末広がりの八を並べた語呂のよさから流布《るふ》したことばだった。

◯江戸の境界線「朱引」と「墨引」

同じ江戸の町といっても、支配によって性格が異なっていた。町奉行所の支配地は「町人地《ちょうにんち》」という。行政上は町奉行の支配を受けながら年貢は代官《だいかん》に納めるとか、寺社奉行の管轄下にある寺社の門前町が町奉行支配となった場合、「町並地《まちなみち》」と称した。延享《えんきょう》二年（一七四五）から翌年にかけて、寺社奉行管轄の門前町が大量に編入され、江戸の総町数は千六百七十八町になった。ここまで町屋《まちや》（市街地）が広がると「どこまでが江戸なのか」が問題になってくる。

文政《ぶんせい》元年（一八一八）幕府によって「御府内《ごふない》」（江戸の市中）の範囲が公式に決められた。これは地図上に朱色の線で示されたため、「朱引《しゅびき》」と称された。東は中川まで、北は荒川、石神井《しゃくじい》川下流まで、西は神田上水まで、南は南品川町を含む目黒あたりまでがその範囲。現在の千代田区・中央区・港区・新宿区・文京区・台東区・墨田区・江東区・渋谷区・豊島区・荒川区のほぼ全域と、品川区・目黒区・北区・板橋区のそれぞれ一部である。

これは勘定奉行、寺社奉行の行政上の範囲で、町奉行の支配範囲はこれよりやや狭い。境界線を墨《すみ》で示したので「墨引《すみびき》」と称した。

江戸の境界線　文政元年（1812）の江戸朱引図より

江戸城前

武家地の集中していた城下町

登城に便利な江戸城前は戦の陣地

現在のJR東京駅の西側には、丸の内のオフィス街が広がっている。さらに再開発が進み、ショッピング街に変貌しつつあるようだ。ここから西へ進むと皇居外苑である。

ところが、江戸時代には、このあたり一帯は「大名小路」と称され、大名の広大な屋敷が並んでいた。そのほか、現在の地名でいえば、永田町、番町、麹《こうじ》町、赤坂、青山、四谷、市谷、小石川、本郷、御徒《おかち》町など、すべて武家地だった。むろん、そのところどころに商家や農家があるが、きわめて少ない。町人が住む町人地は、江戸城の東側、日本橋を中心に、京橋、新橋、神田にまとめられていた。

大名というのは将軍直参《じきさん》で、知行《ちぎょう》一万石《ごく》以上の者をいい、幕末現在で諸国に二百八十家があった。同じ将軍直参といっても、一万石未満であれば、旗本《はたもと》とか御家《ごけ》人《にん》と称される。

曲輪内の大名小路

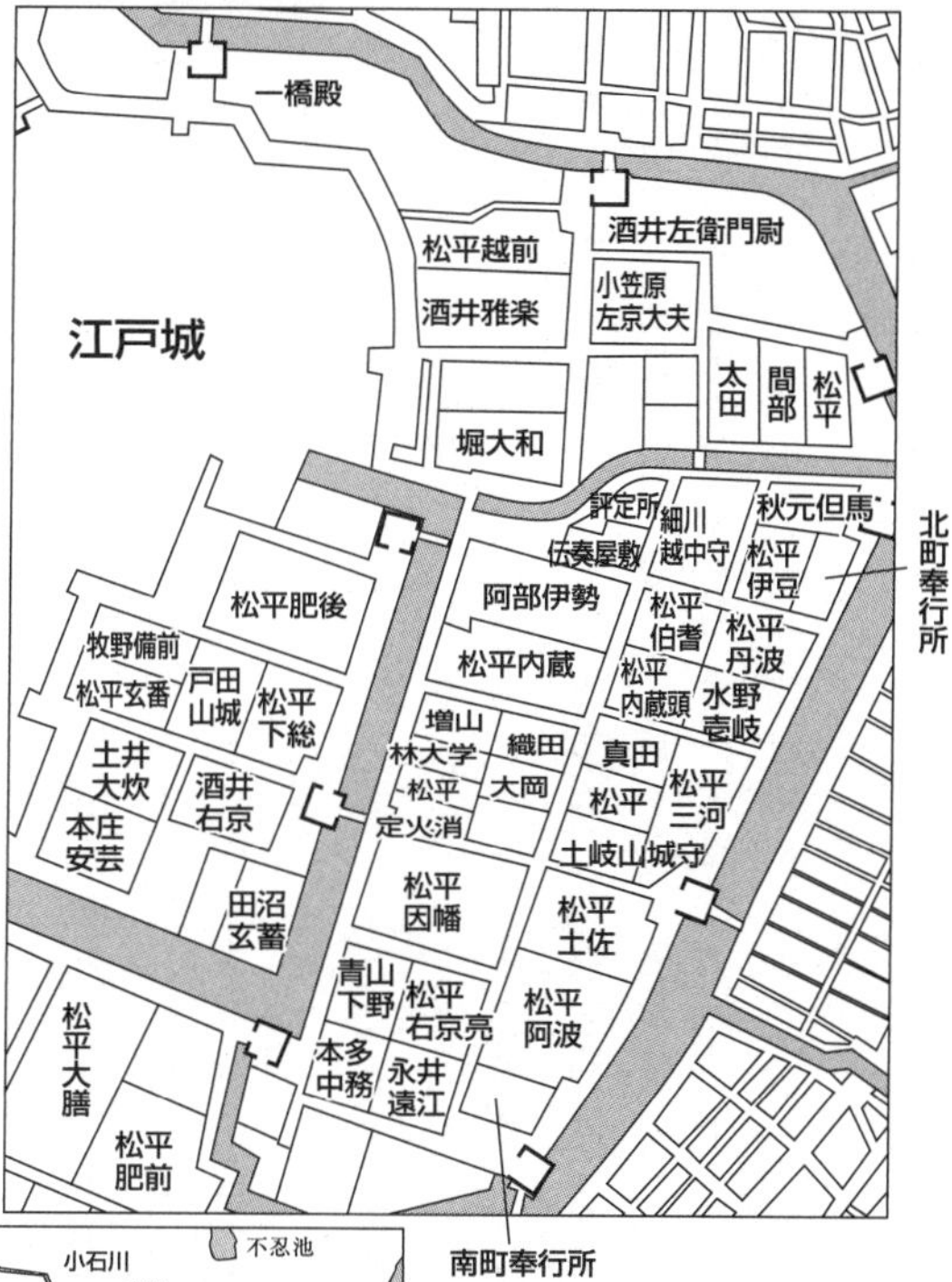
一橋殿
酒井左衛門尉
松平越前
酒井雅楽
小笠原
左京大夫
江戸城
太田
間部
松平
堀大和
評定所
細川
越中守
秋元但馬
伝奏屋敷
松平
伊豆
北町奉行所
松平肥後
阿部伊勢
松平
伯耆
松平
丹波
牧野備前
松平内蔵
松平
内蔵頭
水野
壱岐
松平玄番
戸田
山城
松平
下総
増山
林大学
織田
真田
土井
大炊
酒井
右京
松平
大岡
松平
松平
三河
本庄
安芸
定火消
土岐山城守
田沼
玄蕃
松平
因幡
松平
土佐
青山
下野
松平
右京亮
松平
阿波
松平大膳
本多
中務
永井
遠江
松平
肥前
南町奉行所

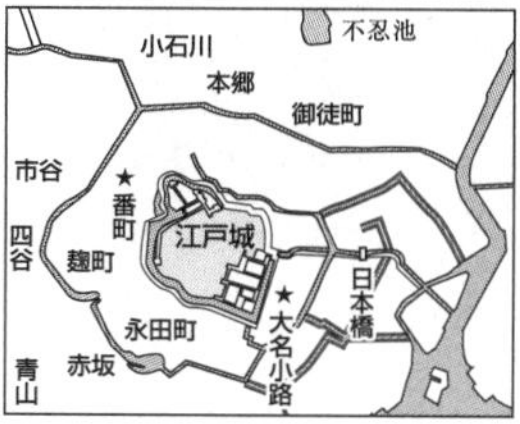
不忍池
小石川
本郷
御徒町
市谷
番町
江戸城
四谷
麹町
日本橋
永田町
大名小路
青山
赤坂

江戸城の西の丸下から大名小路にかけて、武家屋敷が集まっている。大名小路の四方は完全に堀にかこまれている。

江戸には、ざっと六百におよぶ大名屋敷があったが、それは上屋敷《かみやしき》のほかに、中《なか》屋敷《やしき》、下屋敷《しもやしき》などをかまえていたからである。

上屋敷は江戸の本邸で、大名の妻子が暮らす住居のほか、書院や番所など公務に必要な施設を備えている。さらに、江戸詰《づめ》の藩士の住む長屋も敷地内に建てられていた。

中屋敷は隠居した前藩主や継嗣《けいし》（世継ぎ）の住まいだが、上屋敷が火災に遭った場合の予備公邸という役割も兼ねていた。

下屋敷は大名が休息する別邸でもあったので、大藩では趣向を凝らした庭園を配していた（現在の六義園《りくぎえん》は大和郡山《やまとこおりやま》藩下屋敷、新宿御苑は高遠《たかとお》藩下屋敷）。大名の家格や台所事情により中屋敷を持たず、上屋敷と下屋敷だけという藩も多かった。

「御曲輪《おんくるわ》内大名小路図」を見ると、この地は四方を堀に囲まれた「出曲輪」であったことが分かる。「曲輪」は、ひとたび戦になり、攻防戦となったときには、兵を配置して陣地となる場所だ。大名や旗本、御家人達は江戸城周辺に住まわせ、いざというときには速やかに登城できる戦《いくさ》の布陣を形成していたのである。

◯江戸切絵図発祥の地・番町

番町は、江戸城の西側、外堀と内堀のあいだを占める広い町で、大番組を中心に、書院番組などの御家人たちが住んでいた。

江戸の古地図である「江戸切絵図」だが、その第一号は宝暦《ほうれき》五年（一七五五）、吉文字屋《きちもんじや》から出版された『番町之絵図』。つまり、番町は切絵図の発祥地ということになる。

番町にかぎらず当時は表札を出す習慣がなかったうえ、同格の武家は規格化された門がまえだから、これがずらっと並んでいたのでは、訪ねる家を見つけるのがむずかしい。「番町をさかなのさがる程たずね」という川柳《せんりゅう》が残っている。

新鮮な魚を土産に下げて訪ねてきたが、道に迷って鮮度がさがるほどだという意味。この付近の屋敷を訪ね当てるのは、じつに大変なことだった。

大名小路とその周辺

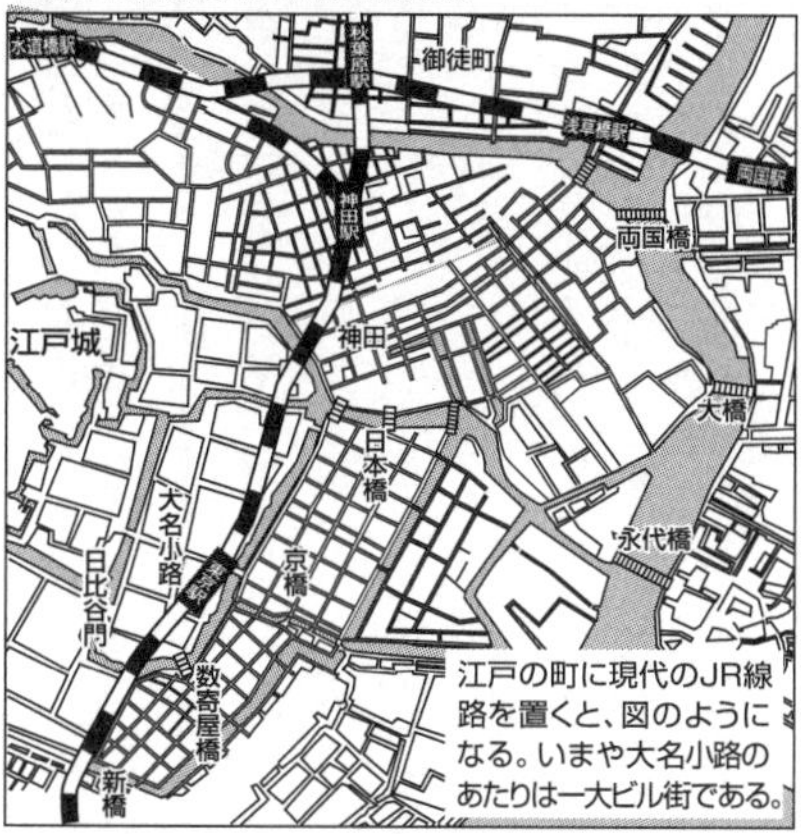

江戸の町に現代のJR線路を置くと、図のようになる。いまや大名小路のあたりは一大ビル街である。

江戸の町割

機能的につくられた町の仕組み

●京風の町割を手本につくられた町

徳川家康が江戸を開発するにあたり、目標としたのが京都の町割《まちわり》（土地の区画）だった。そこで、六尺《しゃく》五寸《すん》（約一・九七メートル）を一間《けん》とする京間《きょうま》を採用。京間六十間（約百十八メートル）四方を基本に、道路に面して奥行き二十間の宅地をつくった。まんなかに二十間四方の空き地ができるが、これを会所地《かいしょち》と称した。

道幅は四丈《じょう》（約十二メートル）とし、その道路を挟んで向かい合った両側の部分で一つの町とすることにした。こうして、まず高橋（のち常磐橋《ときわばし》）東側から町づくりがはじまった。これが最初の町で、江戸の大本ということから本町（中央区日本橋石町、日本橋室町、日本橋本町の一帯）と名づけられた。

その後、埋立て造成地の地形とか、掘割などによって少しはちがったものの、基本的には六十間を基準寸法とし、武家地の番町でもこの単位が採用された。

江戸中期、江戸は人口百十万人を超す大都市に成長したが、その六割は男性で、女性が少ない。それというのも江戸は武士の町で、諸藩の江戸詰武士のほとんどが単身者だからだ。

　面積で見ると、一説には武家地が三四・五％、町人地九・九％、寺社地四・四％、河川など三・六％で、もっとも多いのは農地の四七・六％だったという。江戸は政治の中心地で、武家屋敷が多いが、広い農地もあり、さまざまな作物をつくっていた。それだけに毎日、江戸の人びとは新鮮な作物を食べることができた。

　また、河岸や問屋があって、商品が流通していたし、さまざまな職人が住み、物づくりも盛んだった。むろん、芝居小屋や茶店もあり、人々に楽しみを提供していた。

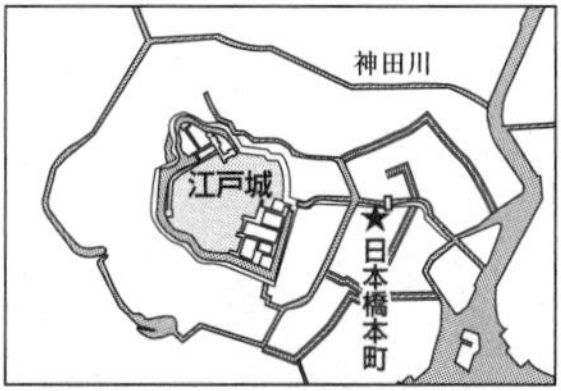

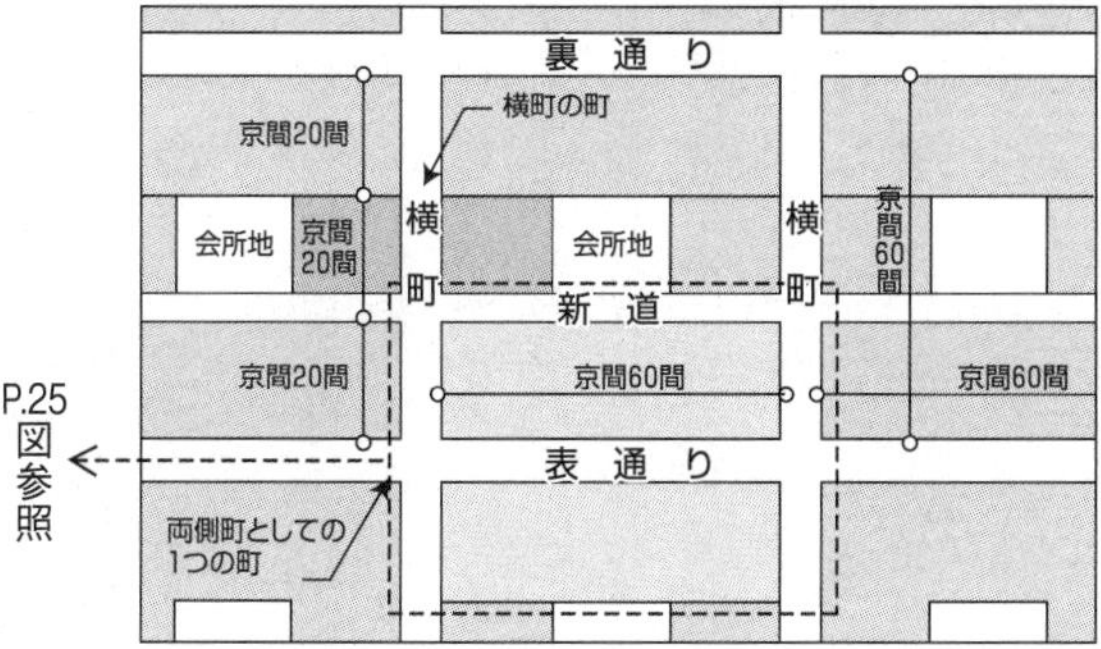

◎自治を任されていた町年寄たち

江戸の町は町人たちの自治で運営されていた。むろん、町方行政の最高責任者は町奉行《まちぶぎょう》だが、実務は町年寄《まちどしより》や町名主《まちなぬし》、家主《いえぬし》（貸家の持主・管理人）などの町役人に委託するという形で運営されたのである。

町役人の筆頭は町年寄で、奈良屋《ならや》、樽屋《たるや》、喜多村《きたむら》の三家で、日本橋本町にそれぞれ屋敷地を拝領。そこに役所を設け、手代《てだい》を置いて町方行政の仕事をした。具体的には「月行事」といって、家主が毎月交代で事務執行を担当した。たとえば、役人との連絡、幕府から出された町触《まちぶれ》の伝達、争議の調停などにたずさわった。

幕府は「町触」を出し、庶民の生活に制限を加えたり、保護したりした。その流れは、まず町奉行が三人の町年寄を呼び出して伝え、つぎに町年寄は自分の役所に町名主を集めて知らせる。町名主は支配内の家主に伝えたが、家主は店子《たなこ》（借家人）たちに読み聞かせ、町触の内容を徹底させた。

町の運営にはお金がかかるが、幕府で費用を出してくれたわけではない。「町入用《まちにゅうよう》」と呼ばれる共同会計から出されたが、そのお金は、地主たちが屋敷の間口数に応じて出しあった。

表通りをはさんだひとつの町

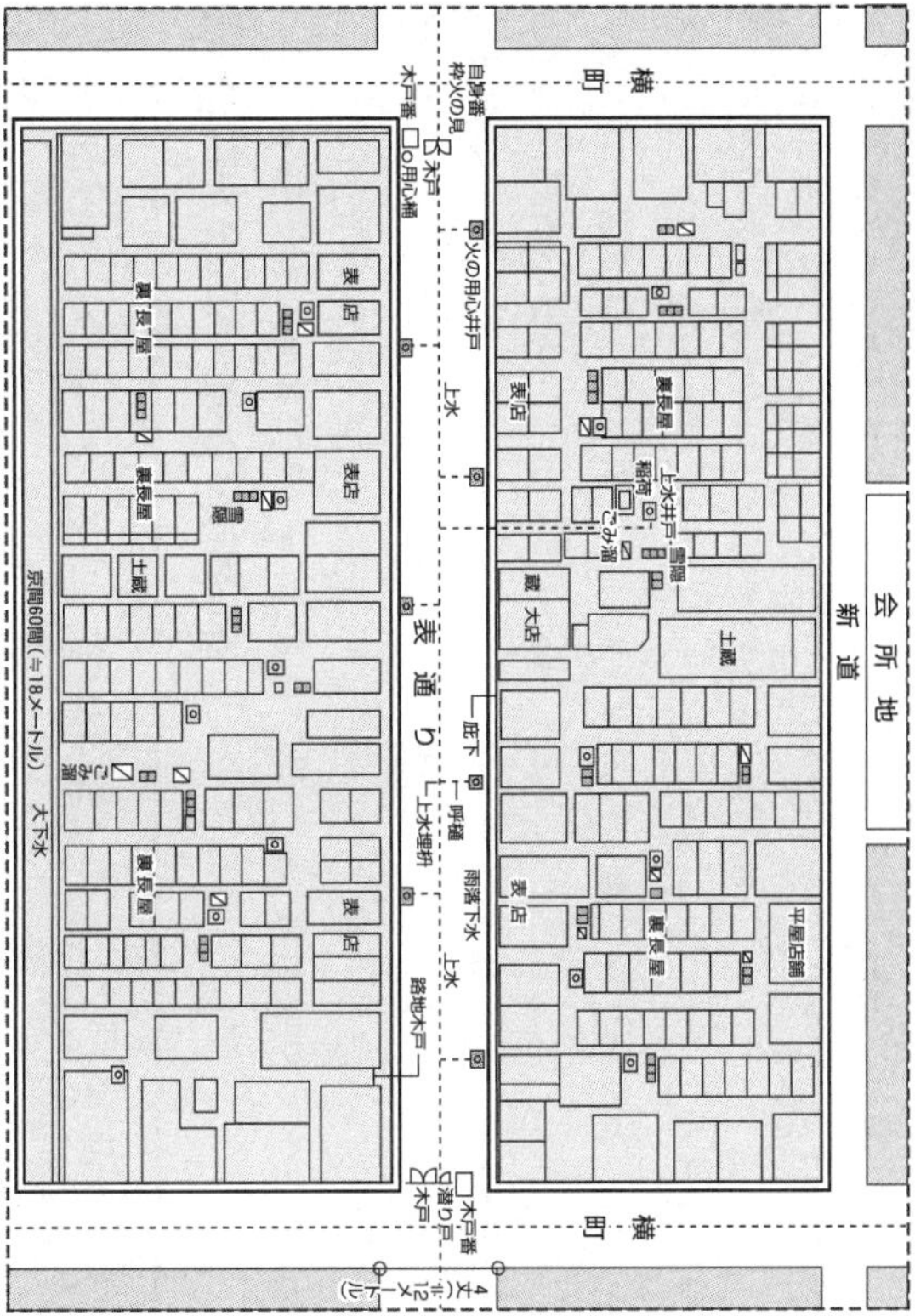

火の用心井戸　上水井戸　ごみ溜め　雪隠

井戸、ごみ溜め、雪隠（トイレ）など共同の生活施設が一か所に効率良くまとめられているのがわかる。

江戸の中心地・日本橋

商家の集まる江戸のメインストリート

●上方商人の出店で賑わった商店街

江戸の中心地は日本橋で、この周辺に商人がさまざまな店を出し、商業の町として栄えた。日本橋の南詰から中橋広小路までの大通りの両側に「通《とおり》」（現在の中央区日本橋一～三丁目）と称する町があったが、ここが江戸のメインストリートだった。

大通りに面しては越後屋《えちごや》（現在の三越）、山本山《やまもとやま》といった大店《おおだな》が店をかまえ、裏通りには規模の小さい店が軒を並べていた。

同じ日本橋界隈《かいわい》でも、日本橋北詰の北東には瀬戸物（陶磁器）の商人が多く住み、瀬戸物町（中央区日本橋室町一～二丁目、日本橋本町一～二丁目）と呼ばれた。ほかに酒や穀物、線香などの問屋も多かったという。

いまも中央区に「日本橋人形町」があるが、ここは人形操芝居《あやつりしばい》の興行が盛んで、人形屋が多かった。日本橋南詰の広場に青物市（野菜市）が立ったし、近くには青物商人が住む青物町（中央区日本橋一丁目）があった。

商人で賑わった日本橋界隈

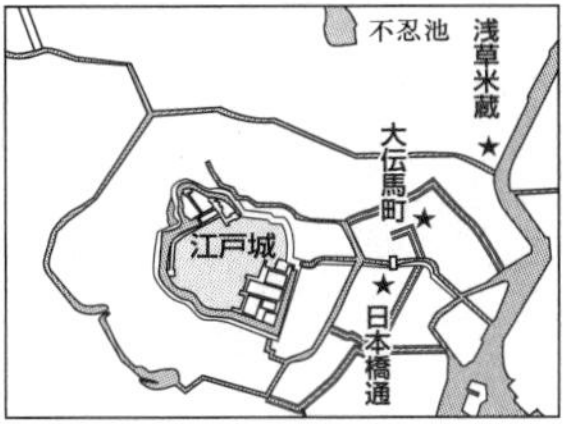

江戸という町は急速に発展したため、さまざまな商品を上方《かみがた》や西国から運ばなければ、まかないきれなかった。そこで、伊勢《いせ》や近江《おうみ》、京都などの商人が江戸に店を出した。

まず目立ったのが伊勢の商人で、大道寺友山《だいどうじゆうざん》が享保《きょうほ》十三年（一七二八）に出版した『落穂集《おちぼしゅう》』には「町屋出来候《そうろう》以後、表に懸《かか》り候のれんを見候へば、一町のうちに半分は伊勢屋と申す書き付け相見へ候也」とある。伊勢は木綿の産地だったから、日本橋大伝馬町に集まっていた木綿問屋のほとんどが伊勢からの出店だった。これらの店では、ほかに紙、水油、茶、荒物《あらもの》（笊《ざる》、箒《ほうき》などの雑貨）なども商っていた。

近江商人の近江店では畳表《たたみおもて》、蚊帳《かや》、呉服《ごふく》などを扱っていた。さらに呉服の高級品が得意な京商人《きょうあきんど》の店などが競っていた。

江戸城が江戸の中心だが、経済に限っていえば、中心は日本橋であり、日本橋界隈の賑わいは江戸が繁栄していることの証《あかし》だった。

『江戸名所図会《ずえ》』に描かれた日本橋界隈の様子を見れば一目瞭然だ。多くの人々が橋を渡っているが、橋の下には多様な船が往来し、荷を運ぶ。両河岸には船から荷が下ろされ、積み上げられていく。活気に満ちあふれた地域だった。

日本橋　『江戸名所図会』より

右上が西河岸町、左上が日本橋通りの通一丁目、手前の右下が魚市場である。ちょうど27ページの地図の本船町あたりから日本橋を見下ろした感じである。川にはたくさんの船が行き交い、橋の上は人であふれている。

現在の日本橋界隈

手前にのびるのが日本橋通り。日本橋は高速道路の高架下になってしまっている。左手に見える白っぽいビルが、三越である。

◯米で回っていた江戸の経済

江戸の経済は米が中心となって動いていた。それだけに武士は「扶持米《ふちまい》」といって、禄《ろく》（給料）を米でもらったから、これをお金に換えなければ暮らしていけない。この米の換金を代行した商人は「札差《ふださし》」と呼ばれ、浅草の蔵前に軒《のき》を並べていた。扶持米は年三回の分割支給だが、武士から委託を受けた札差は、武士の代理として米を受け取り、米商人への売却も代行した。さらに、将来もらうはずの扶持米を担保に金を貸す。札差というのは、特殊な金融業者だったのである。

幕府の米蔵は、浅草橋付近の隅田川沿いに並んでおり、札差の店はその蔵前にあった。「蔵前」という地名は、これに由来する。

武士の禄はそのままなのに、時代とともに諸物価が高くなるため、武士の暮らしは苦しくなって行く。しかし、札差は武士に金を貸し、高利を稼いでいたから華やかな暮らしを味わっていた。

このように札差と呼ばれる商人達は経済を動かすほどの力を持ちながら、あまりに奢侈《しゃし》に流れたため、幕府が利息を制限するなど、きびしい政策を打ち出した。この結果、倒産する札差も出てきた。

神田職人町　全国から集まった技術者の町

◆諸国から集められた職人たち

歌川広重《うたがわひろしげ》が描いた『名所江戸百景・神田紺屋町《かんだこんやちょう》』は、大胆な構図が目を引く。屋根上の物干台に乾されている藍染《あいぞめ》の浴衣《ゆかた》生地。それが風に吹かれて、ゆらゆらしている様子を捉えて見事だ。

江戸初期、「天下普請《てんかぶしん》」の際に、日本橋の北側には上方から招かれた商人たちが住んだが、さらに神田には職人町ができた。三河《みかわ》（愛知県東部）、遠江《とおとうみ》（静岡県西部）、駿河《するが》（静岡県中央部）などから招かれた職人と、彼らに原材料を供給する商人たちが一つの町にかたまりながら住んだのである。

いまも残る紺屋町（千代田区神田紺屋町）、鍛冶《かじ》町（神田鍛冶町）などはその名《な》残《ごり》だ。ほかに、左官《さかん》の白壁町（現在は鍛冶町の一部）、大工町（現在は内神田、鍛冶町の一部）、銀細工師の銀《しろがね》町（現在は神田多町、神田司《つかさ》町の一部）、鋳物《いもの》師の鍋町（鍛冶町の一部）、塗師《ぬし》の塗師町（鍛冶町の一部）、研師《とぎし》の佐柄木《さえき》町（須田町、淡路町の一部）など、すぐ職種がわかる町名が多かった。

そのほか、大名が屋敷をつくるときに国許《くにもと》や技術の進んだ上方から職人を招くということもあり、江戸の町に多くの職人や技術、先進の道具類が流入した。

その後、時代が下るにつれて、大火があったり、市街地が膨張しつづけたりして、職人町の区画もあいまいになっていった。そうした一方、庶民の需要が高まったこともあって、江戸周辺の職人たちが江戸にやってきて手間仕事をはじめた。この結果、職人たちはますます各地に散らばって住むようになった。

◯修業は大変だが気楽だった職人生活

職人には紺屋など家で仕事する「居職《いじょく》」と、大工などのように外へ出て働く「出職《でしょく》」の二種類がある。いずれの場合も、すぐに一人前になれるわけではない。十一歳から十二歳ごろ、親方のもとに弟子入りし、家の掃除など家事労働から勤めた。一人前になるには十年ほどの修業が必要だった。

職人の手間賃は職種によってちがうが、花形的な職業は大工、鳶《とび》、左官だった。江戸の大工は紺《こん》の腹掛《はらがけ》（素肌に着るもので、背部は細い共布を斜め十字に交差させ

職人町のある日本橋の北側界隈

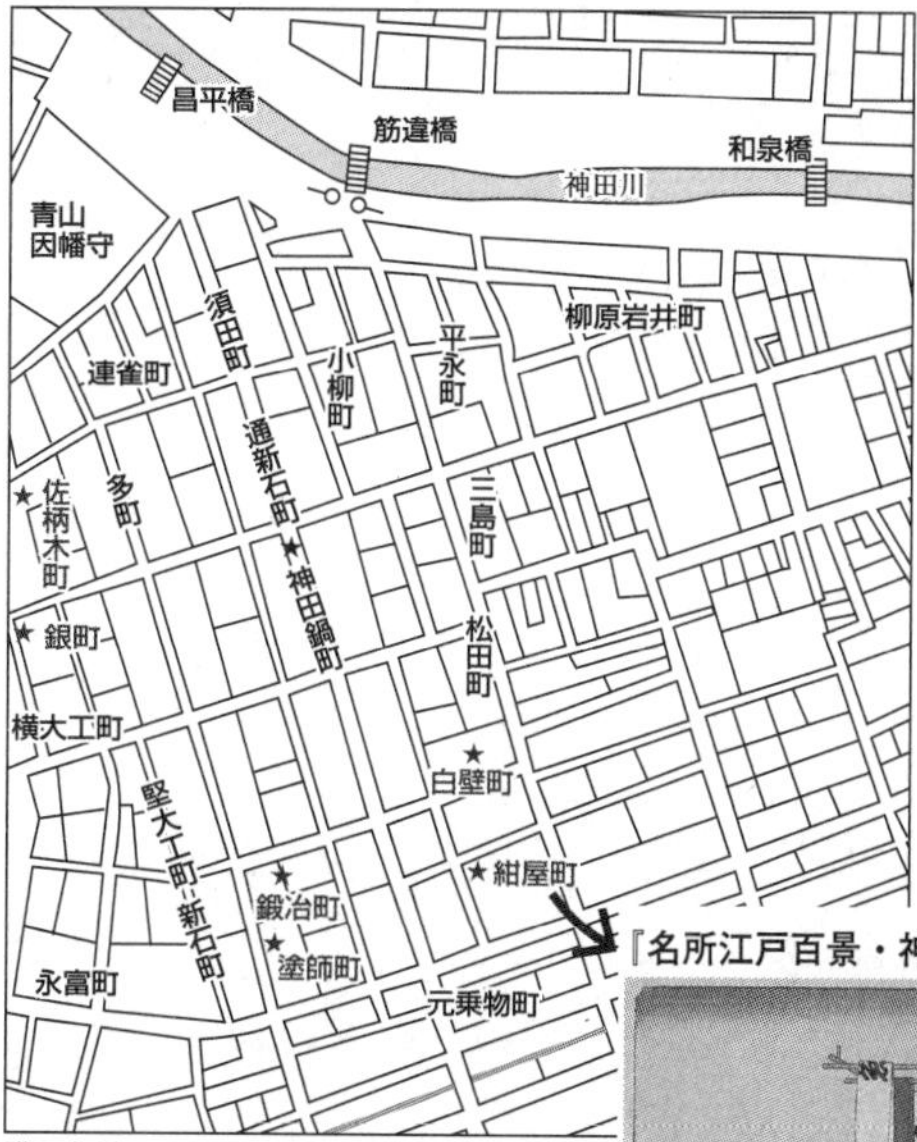

職の名がついている町が多かった。

『名所江戸百景・神田紺屋町』

藍染のさまざまな浴衣地が物干し場にかけられている。

て留める）とパッチ（もも引きの長いもの）、紺足袋《たび》という姿で、恰好がいい。それに職人のなかでは収入が一番いいから、女性にもてた。鳶は火消人足をかねており、これも恰好いい。左官も稼ぎがよかった。

一般的にいって、大工や左官などの労働時間は、朝六つ半（午前七時）から夕方七つ半（午後五時）まで。太陽の動きに合わせて働くのが基本で、夜中に働く人は少ない。また、昼四つ（午前十時）の小休み、中食《ちゅうじき》（昼食）、昼六つ（午後二時）の休みが合計二時間あるから、実質的に働くのは八時間ほど。もっとも冬は、一日四時間くらいしか働かない。

それに毎月一日と十五日、五節句、年末年始の正月休み、夏の盆休みがあるものの、道具があればいつでも日銭が稼げる。そのせいか、「宵越《よい》しの金は持たない」といった気質も生まれた。

江戸の時間

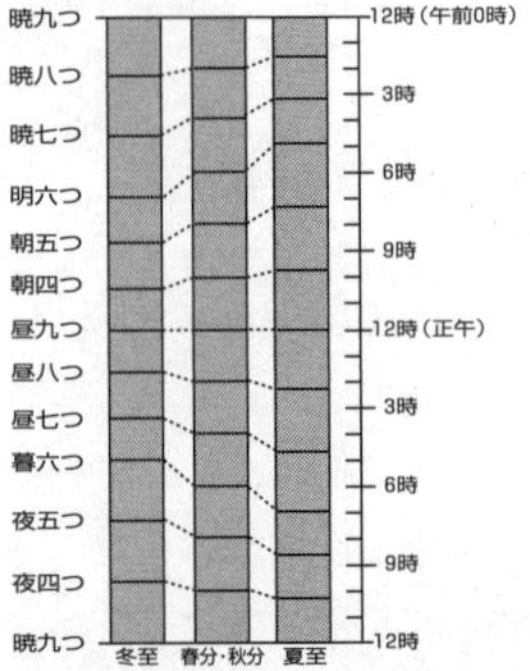

暁九つ
暁八つ
暁七つ
明六つ
朝五つ
朝四つ
昼九つ
昼八つ
昼七つ
暮六つ
夜五つ
夜四つ
暁九つ
冬至
春分・秋分
夏至
12時（午前0時）
3時
6時
9時
12時（正午）
3時
6時
9時
12時

江戸の時刻は「不定時法」といい、季節ごとに一刻《いっこく》の長さが変わる。昼夜の境となる日の出と日の入りの時刻を「六つ時《どき》」とし、明け方を「明け六つ」、夕方を「暮《くれ》六つ」と呼んだ。そのあいだを六等分し、「一刻」とか「一時」と称した。

江戸の六上水

江戸っ子自慢の上水はどこを流れていたか

●人口増加で整備された上水

人が生きていくために、水は欠かせない。だから徳川家康は、江戸を開発するに当たって、飲み水など生活用水の確保を真っ先に考えたという。当初は千鳥ケ淵《ちどりがふち》、赤坂溜池《あかさかためいけ》などの貯水池を作って用水を供給した。

しかし、人口が急速に膨張していくものだから、水不足に悩まされる。そこで、幕府は上水道の整備に着手した。普通なら井戸を掘ればいいのだが、なにしろ江戸の町は入江を埋め立てて市街地にしたため、掘っても塩分を含んだ水ばかり。そこで神田上水、玉川上水、さらに玉川上水を分水した青山上水、千川上水、三田上水、元荒川の溜地を水源とした本所上水など、上水道を整備したのである。

江戸で最初に作られた水道は神田上水だが、これは井の頭《いかしら》池を源とする神田川の水を関口村に築いた大洗堰《おおあらいぜき》で取水した。さらに水戸《みと》藩邸（現在の後楽園）まで開削路《かいさくろ》で運び、神田川を懸樋《かけどい》で渡して、神田・日本橋方面に給水したのだ。神田川

江戸の六上水道

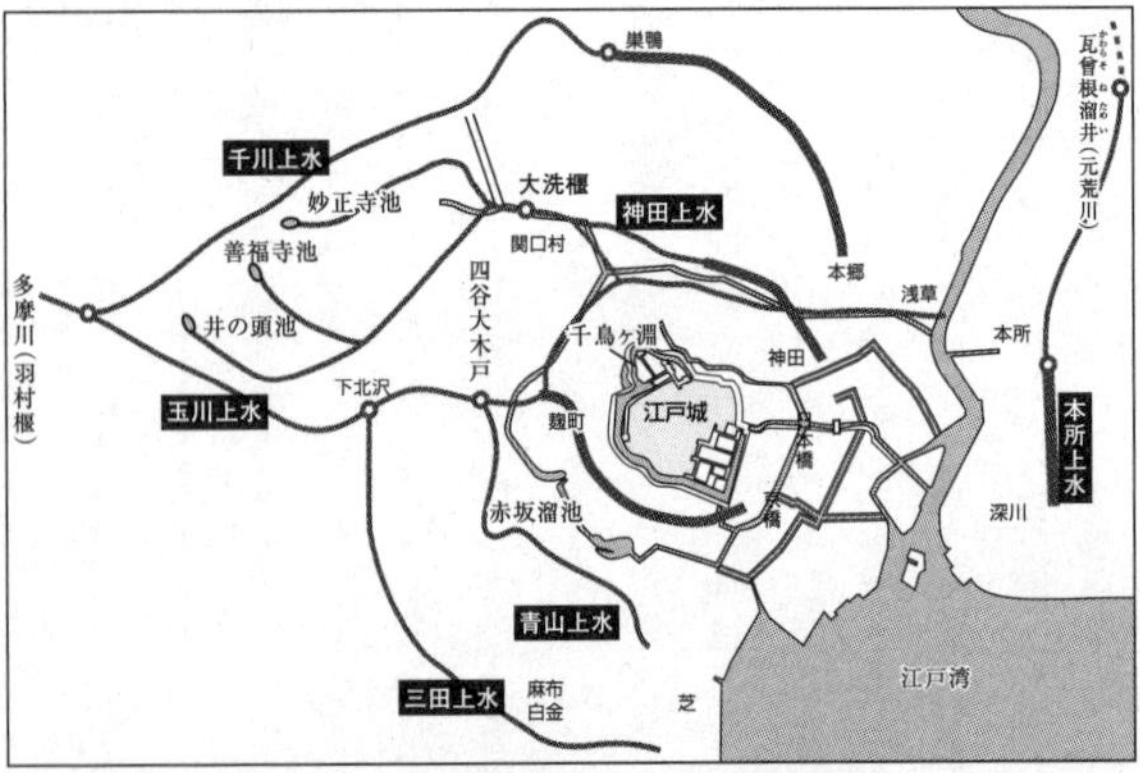

巣鴨
瓦曾根溜井《かわらそねためい》（元荒川）
千川上水
大洗堰
神田上水
妙正寺池
関口村
善福寺池
四谷大木戸
本郷
浅草
多摩川（羽村堰）
井の頭池
千鳥ヶ淵
本所
神田
下北沢
玉川上水
江戸城
麹町
本所上水
赤坂溜池
深川
青山上水
江戸湾
三田上水
麻布
白金
芝

入江を埋め立てて拡大した江戸は、上水路で飲み水を確保する必要があった。

に架けられた懸樋が「水道橋」の地名の由来になっている。

やがて、増え続ける人口に、神田上水の水だけではまかないきれなくなる。そこで幕府は、玉川上水の掘削を計画した。これは多摩川の水を水源にしたもので、承応《じょうおう》三年（一六五四）六月には、江戸城、四谷、麹町、赤坂、芝および京橋方面の市内南西部一帯に給水できるようになった。

上水道の水は、主要道路に埋め込まれた樋《とい》（導水管）を通り、分岐点に設けられた枡《ます》を経て町内の水道井戸まで届けられた。水道井戸は深い桶《おけ》を伏せたような埋め込み式になっており、屋根と蓋《ふた》があった。水を汲むときは竹竿につけた小桶

水道井戸の構造

入江を埋め立てて拡大した江戸は、上水路で飲み水を確保する必要があった。

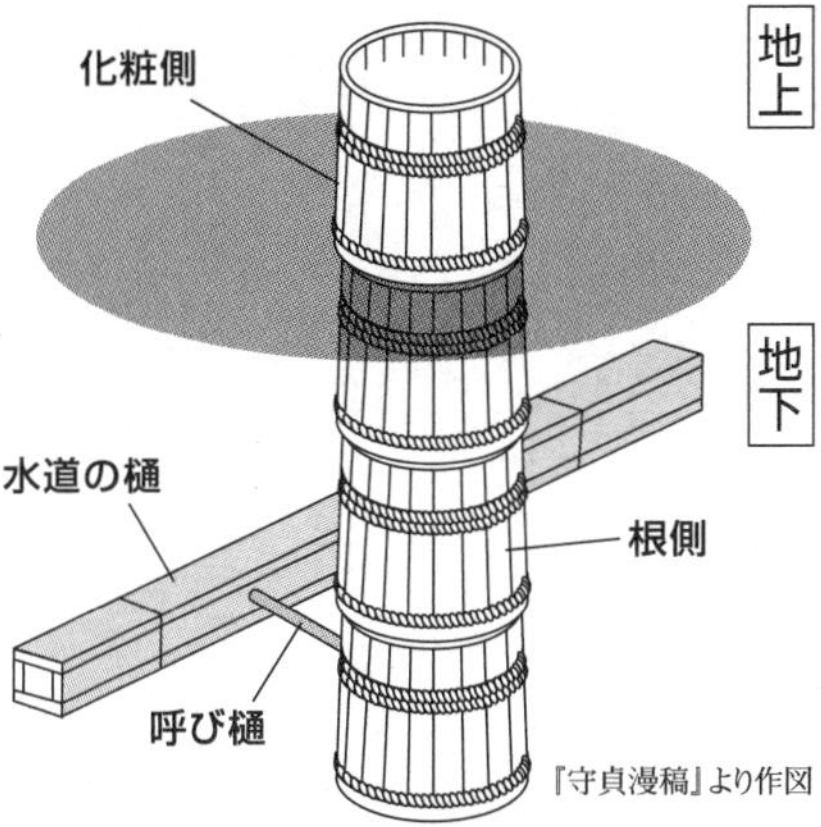

底のない樽を重ねてつくった。地上に出る樽を化粧側といい、地下にある樽を根側という。根側の一番下の樽には底がある。上水道から引いた木製の樋から、竹筒でできた呼び樋を使って井戸に水を溜める仕組みになっている。

『守貞漫稿』より作図

水道碑記《すいどうのひのいしぶみ》

四谷大木戸近く玉川上水番所跡に立つ。水番所には、水番人一人がつめていた。

を用いた。

寿命の短かった四上水

幕府は上水の水質を維持するため、きめ細かな管理を行なった。たとえば、玉川上水では江戸市中に水番人、定浚《じょうざらい》番人、懸樋見守《みまもり》番人が置かれたし、羽村《はむら》の取水口から四谷大木戸《おおきど》のあいだには、羽村水番人、代田村水番人、四谷大木戸水番人などがいた。大雨で濁った水が入る恐れのあるときは、四谷大木戸水番人が水門を閉め、水を渋谷川へ放流した。

さらに上水沿いには高札が立てられ、魚を捕ったり、水浴びをしたり、塵芥《ごみ》を捨てることなどがきびしく禁じられていた。

その後、各地にも上水ができたが、本所上水は本所・深川方面、青山上水は麻布・六本木・飯倉方面、三田上水は三田・芝方面、千川上水は本郷・浅草方面にそれぞれ給水した。

六系統の上水のおかげで生活用水の不自由がなくなり、江戸っ子は「水道の水で産湯《うぶゆ》を使った」などと自慢するようになった。

しかし、後発の四上水は享保《きょうほう》七年（一七二二）に廃止に追い込まれる。はっきりとした原因は不明だが、江戸の大半が水道になっているため、地面が乾燥し、その結果、風が強くなり、火事の原因につながるという説が影響をあたえたようだ。

一方では井戸を深く掘る技術が発達し、地中の岩盤も打ち抜く「掘り抜き井戸」が普及しはじめた。

木戸番・自身番・辻番

町を守る江戸の交番

◉行きわたっていた自治警備組織

江戸の町にはあちこちに自身番《じしんばん》があり、市中の警備にあたっていた。テレビの時代劇でおなじみだが、町内警備のために、町境に木戸が設けられ、その横に木戸番屋があった。

木戸番がそこに住み、木戸の管理をしていた。木戸番が木戸を開けるのは明六つ（午前六時）だが、こうして江戸の一日がはじまる。木戸を閉めるのは、夜四つ（午後十時）だ。

木戸番は町内雇いで、給金をもらったものの、それだけでは暮らしていけない。そこで、自分で作った草履《ぞうり》や草鞋《わらじ》、鼻紙、駄菓子、焼芋などを売って生計の足しにした。

この木戸にはもう一つ、裏長屋につながる路地の入口に設けられたものもある。これを「長屋木戸」といい、町境にあるのを「町木戸」という。長屋の大家か、長

木戸番と自身番

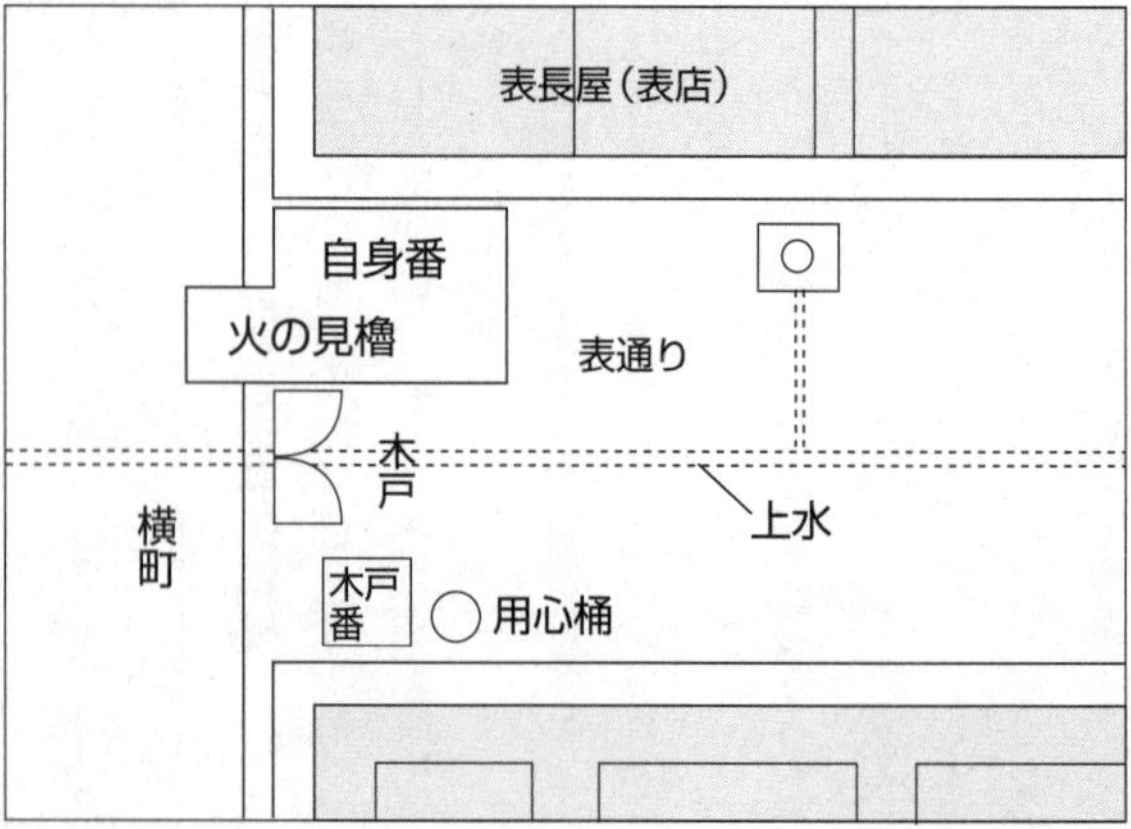

屋のだれかが錠《じょう》をあずかり、戸の開閉を担当した。

町木戸のところには、番屋とは別に、自身番が設けられていた。この広さは間口《まぐち》が九尺（二・七メートル）、奥行きが二間《けん》（約三・六メートル）が基本。つまり、六畳間ほどの広さだが、これでは多くの人間が詰めることはできない。

そこで実際にはその二倍くらいの広さにつくられていたようだ。

家主や番人、書役《かきやく》などがこの番屋につめ、町内の雑務を処理したり、警備にあたった。同心《どうしん》が容疑者を自身番に連行して取り調べることもあった。

ほかに町内の寄合相談の場になったり、碁《ご》や将棋《しょうぎ》を楽しむなど、社交場のようになることもあった。

江戸は火事の多い町だけに、火《ひ》の見櫓《みやぐら》もあちこちに設けられていた。

町火消の火の見櫓は、町並みの屋根から九尺（約二・七メートル）くらいとされ、二町くらいの眺望があり、二人で見張ることと定められていた。

一般的には、自身番屋の屋根に物見台を設け、火の見の梯子《はしご》を立てた。

さらに自身番屋には、消火に使う纏《まとい》や鳶口《とびくち》、竜吐水《りゅうどすい》（放水ポンプ）、玄蕃桶《げんばおけ》（水を運ぶ桶）などを備えてあった。

武家地に設けられた辻番

武家地には、辻番《つじばん》という番所があった。ここには突棒《つくぼう》、刺股《さすまた》、袖搦《そでがらみ》という罪人を捕らえる道具や、捕縄《とりなわ》、松明《たいまつ》、提灯《ちょうちん》などを常備。昼夜交代制で、巡回したりした。

こうして挙動不審者を逮捕し、取り調べたりした。江戸全体では九百三十か所にあったという。

もっとも、辻番といってもいろいろで、幕府が設けた公儀御給金辻番《こうぎおきゅうきん》（公儀辻番）、

辻番の見取り図

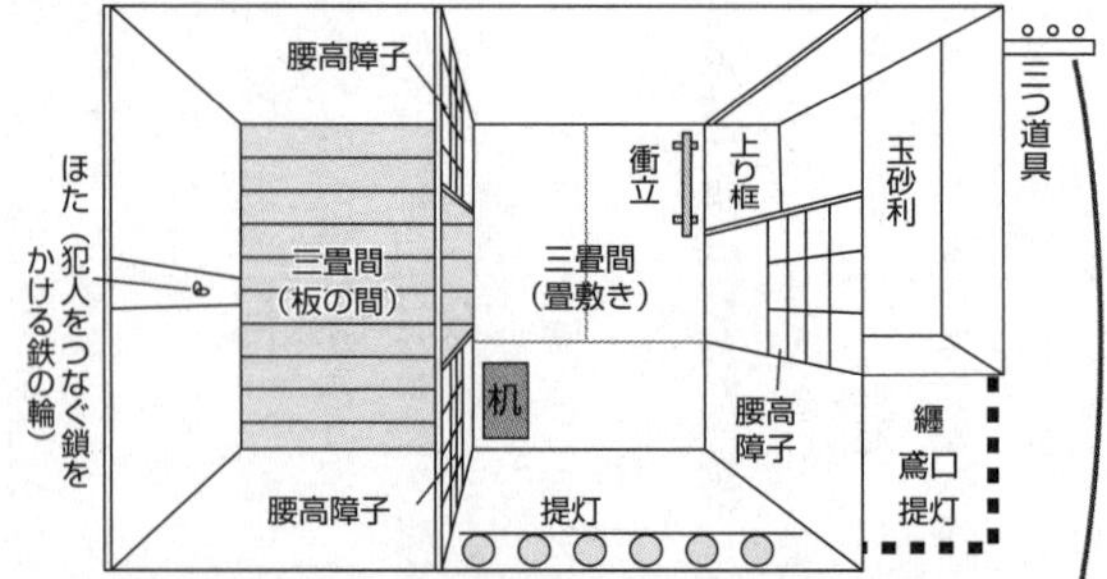

外壁には掲示板、前面には駒つなぎの柵がめぐらされていた。衝立のかわりに障子を1枚はずして寝かせてある場合も多かった。　『江戸町奉公所事典』より作図

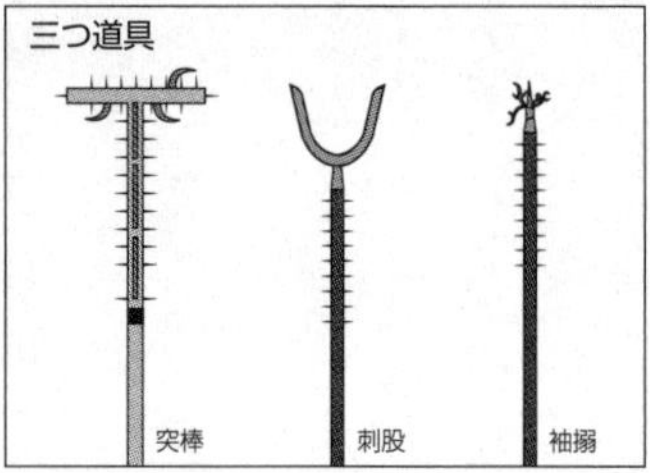

大名が一家で設けた一《いっ》手《て》持《もち》辻番、大名・旗本などが近隣と共同で設けた組合辻番の三種類があった。

辻番所は当初、武家が直接運営し、番人も二十歳以下の年少者や六十歳以上の老人、歩行不自由者は禁止されていたが、のちに、一手持辻番以外には、町人による請負が行なわれるようになった。その結果「辻番は棒をつかぬと転ぶたち」（突き棒を杖《つえ》の代わりにしないと立っていられない老人番人を詠《よ》んだもの）という番所もあったようだ。

四谷大木戸・高輪大木戸

街道にあった江戸城下町への入口

甲州街道への玄関四谷大木戸

町木戸とは別に、要所には大木戸が設けられていた。大木戸は、江戸城下町の入口のことで、検問所の役割を果たす場所でもある。大木戸の存在が確認されているのは、四谷大木戸（新宿区四谷四丁目交差点）と高輪《たかなわ》大木戸（港区高輪二丁目）だけだ。四谷大木戸が設けられたのは元和《げんな》二年（一六一六）のこと。『江戸名所図会』に高い石垣や番屋、そして往来する駕籠《かご》や荷を積んだ馬、人びとの姿が描かれている。もっとも、この〝図会〟が刊行される四十年も前の寛政《かんせい》四年（一七九二）、四谷大木戸は廃止され、通行は自由だったという。

それまで四谷大木戸は、甲州《こうしゅう》街道や青梅《おうめ》街道の関門で、大木戸のあたりは谷状になっていたため、検問には便利だった。とくに駄賃馬《だちんうま》（運賃を取って荷を運ぶ馬）をきびしく取り締まった。江戸近在の馬が稼ぐと、それだけ江戸伝馬《てんま》町の馬持《うまもち》（馬を持つ運送業者）の営業を妨げることになる。そこで無許可の業者を統制したのである。

また、四谷大木戸近くには、玉川上水の水番屋があり、水質などをチェックする一方、水浴びをしたり、ゴミを捨てるものがいないか、監視していた。そうした一方、六月になると日野や府中など、玉川（多摩川）で捕った鮎《あゆ》が運ばれ、四谷大木戸には鮎市場が立った。鮎は大木戸に隣接する内藤新宿の名物として客に喜ばれた。

◯観光地でもあった高輪大木戸付近

「お江戸日本橋七つ立ち……コチャ高輪、夜明けの提灯消す」と歌われた高輪大木戸は、東海道側の玄関である。七つというのは夜が明ける二時間ほど前のことで、日本橋から提灯を提げて出発し、七キロほど歩いて高輪に到着するころ、朝日が昇ってきた。

この大木戸がつくられたのは、宝永《ほうえい》七年（一七一〇）ごろのこと。幅五間半（約十メートル）ほどの街道両脇に石垣を築いて真中に大木戸を設け、不審者の監視にあたった。これに伴い、それまで芝口門の辺りにあった高札場《たかふだば》（法度《はっと》、掟書《おきてがき》などを記した板札を建てる場所）も大木戸の近くに移された。

京上りや伊勢参りなどの旅人もすべてこの東海道を通るため、大木戸には見送り

大木戸と五街道

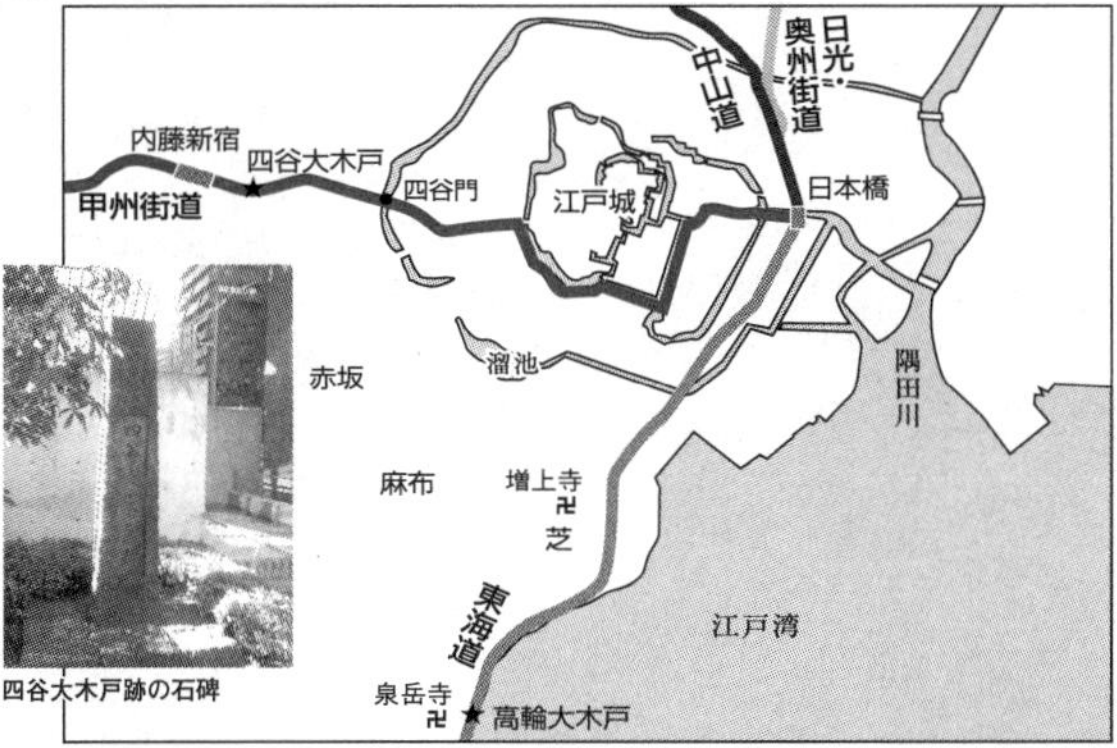

四谷大木戸跡の石碑

日本橋を起点として、東西南北に五街道がのびている。大木戸は街道に設けられた江戸城下町への入口だった。

や、出迎えの人びとがやってくる。それを目当てに茶屋や屋台が並び、賑《にぎ》わいを見せていた。その様子は『江戸名所図会』にも描かれている。絵には通りに面して大きな茶店が描かれている。二階の座敷では、長旅から無事に帰ってきた祝宴の最中だ。店先にはヒラメやタコが吊され、大きな桶には活魚がはねている。近くに海が広がり、漁も盛んだったから、いきのよい魚を食べることができた。

伊能忠敬《いのうただたか》は全国測量を行ない、日本地図を完成させたが、高輪大木戸を基点にしたといわれる。現在、石垣の一部が残っており、高輪大木戸跡は国史跡に指定されている。

『江戸名所図会』より

四谷大木戸

背の高い石垣と整然とした石畳の四谷大木戸。いまは石碑が立つだけである。

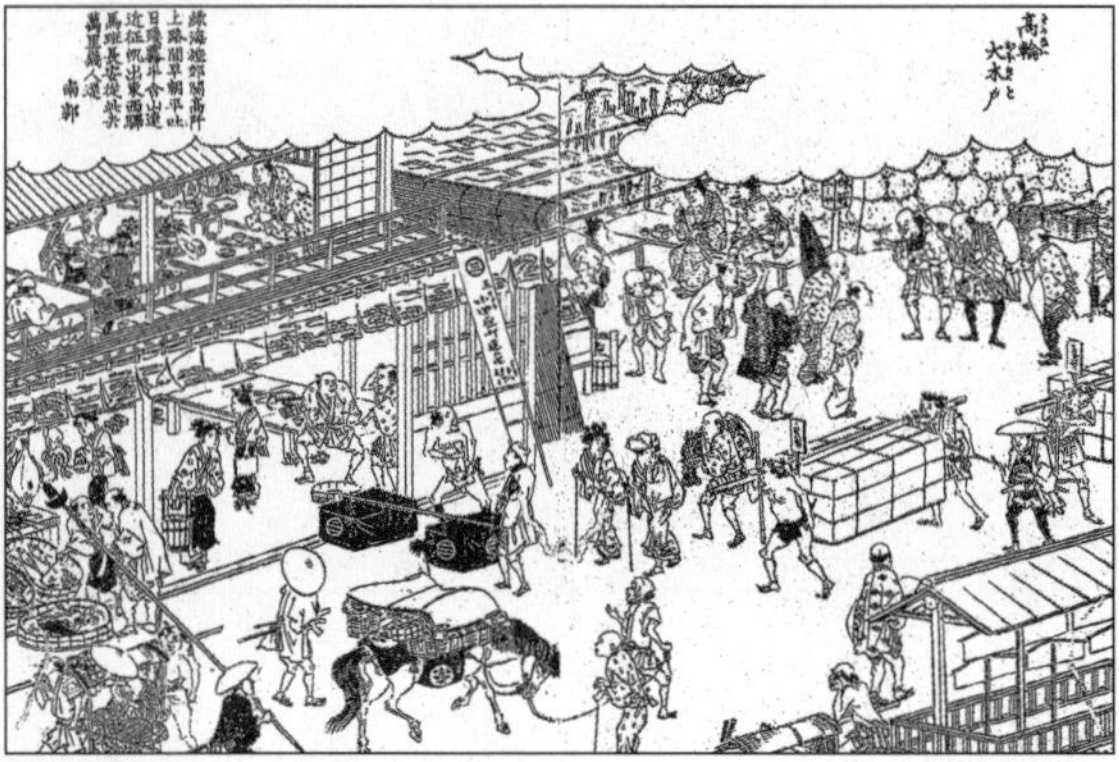

高輪大木戸

東海道から江戸への入口。右上に石垣が見えるが、いまは第一京浜東側に石垣の一部が残っている。

江戸の宿場町

遊興場として栄えた四宿

江戸から諸国に街道が通じ、人びとの往来が盛んになると、東海道の品川宿、中山道の板橋宿、日光街道・奥州街道の千住宿、甲州街道の内藤新宿といった宿場が発達し、遊興の場ともなった。これを「江戸四宿《ししゅく》」という。そのうち品川宿は唯一の海沿いの繁華街であり、付近には物見遊山《ものみゆさん》で賑わう寺社が多く、大山参りや江ノ島参りのルートにもなっているため、もっとも繁盛した宿場だった。

●海沿いの繁華街品川宿

さらに、日本橋から二里（約八キロ）と江戸に近いため、遊び場として発展。江戸庶民は潮干狩りや釣り、月見などに訪れた。さらに旅籠屋《はたごや》には飯盛女《めしもりおんな》と呼ばれる遊女がいたから、それを目当てに遊びにくる男たちも少なくなかった。

あまりにも繁昌するものだから、幕府は飯盛女の増員を認め、明和《めいわ》元年（一七六四）には五百人までとされた。名目は飯盛女なので、揚代《あげだい》は吉原《よしわら》よりずっと安い。このため、吉原遊廓《ゆうかく》とのトラブルも絶えなかった。

吉原は江戸の北にあったことから「北」と通称されたが、品川はそれにならって「南」と呼ばれた。幕末には多くの討幕派の志士たちが潜伏した。

◎街道それぞれに発展した宿場町

板橋はかつて、将軍家の狩猟場になっていたが、街道の整備にともなって宿場町として賑わいはじめた。とくに、加賀《かが》、越中《えっちゅう》、越後《えちご》の大名たちが江戸に上る際に利用したが、ここを通行する大名は三十家、石高《こくだか》総数は二百二十一万石を超すほどだった。この板橋宿は、皇女和宮《かずのみや》が中山道を通って降嫁《こうか》したとき、三万人にもおよぶ行列を迎えることになり、たいへんな散財を強いられた。

北の玄関口となった千住宿は、寛永《かんえい》二年（一六二五）に日光・奥州街道中、江戸からの第一宿に指定されたことから発展した。千住の宿内に隅田川に架かる千住大橋があり、近郊には、野菜農家が多い。このため、毎日、野菜の市がたてられたほか、米の問屋もあった。さらに川岸に材木問屋が多く、秩父《ちちぶ》（埼玉県西部）の山から伐採された材木が集まってきた。

甲州街道の第一宿は日本橋から四里（約十六キロ）先の高井戸である。ところが

東海道品川宿

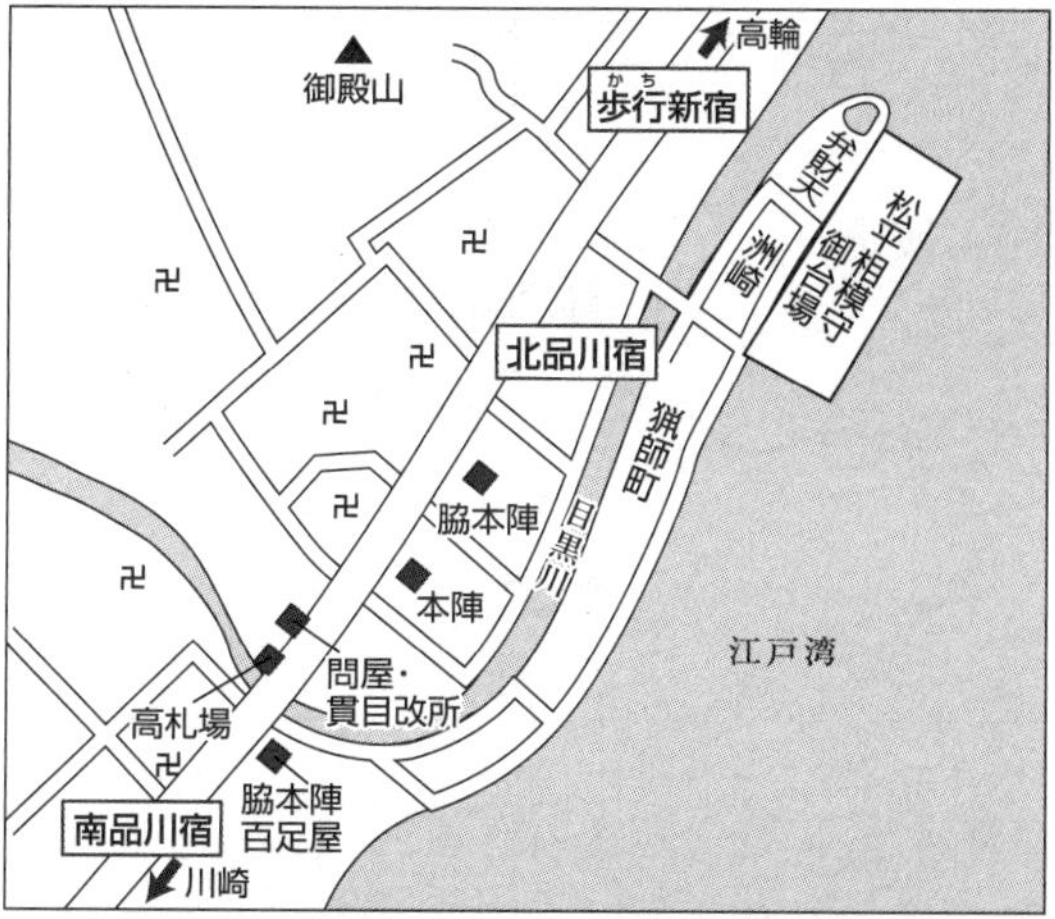

南品川には飯屋や荒物屋（雑貨店）などが立ち並ぶ。貫目《かんめ》改所《あらためどころ》では、荷物の重量検査や継立《つぎたて》の不正などが取締られていた。本陣には大名や公家などしか宿泊できないが、脇本陣は庶民も泊まることができた。

品川宿　『江戸名所図絵』より

江戸の諸街道と四宿

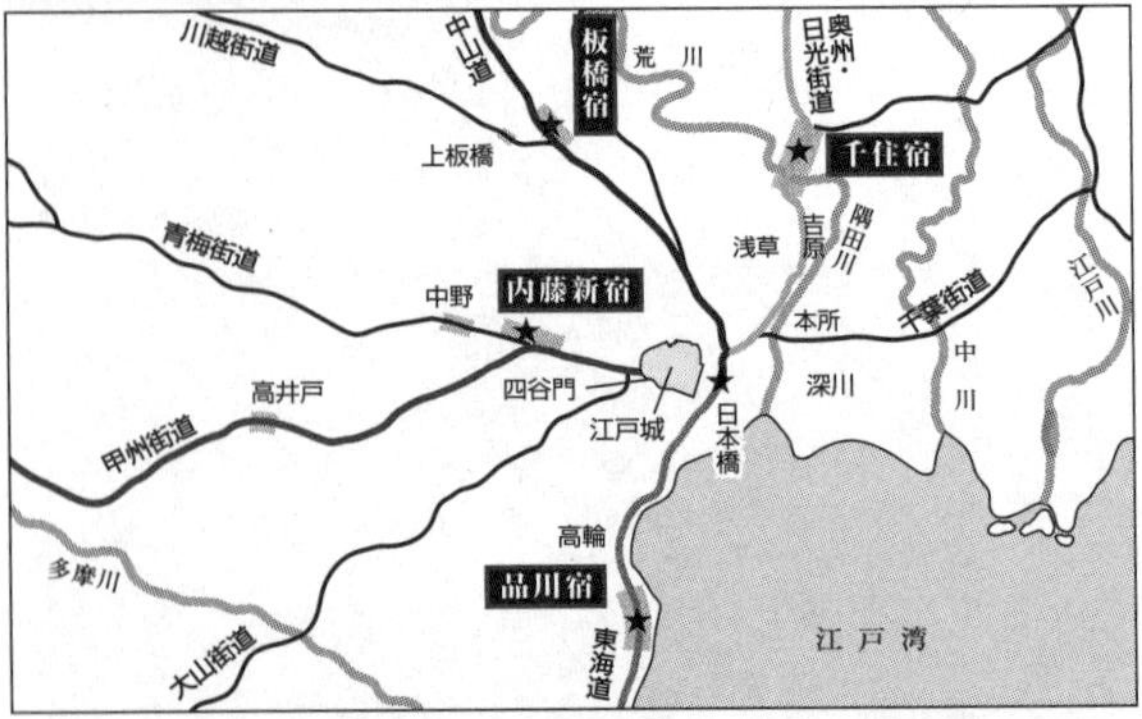

川越街道
中山道
板橋宿
荒川
奥州・日光街道
上板橋
千住宿
青梅街道
浅草
吉原
隅田川
江戸川
中野
内藤新宿
千葉街道
本所
中川
高井戸
四谷門
深川
甲州街道
江戸城
日本橋
高輪
多摩川
品川宿
東海道
江戸湾
大山街道

旅人から距離がありすぎるという声が上がり、浅草の名主たちが出願して日本橋から二里（約八キロ）の茅《かや》野原だったところを開発し、元禄《げんろく》十二年（一六九九）に新しい宿場が開設された。

この宿場の一部が信濃《しなの》高遠《たかとお》藩（長野県高遠町）主・内藤家の屋敷地であったため、内藤新宿と称されるようになった。

上町・中町・下町で構成され、飯盛女も千住や板橋と同様、百五十人まで許されたが、実際はこれをはるかに上回っていたという。

幕末の天保《てんぽう》十四年（一八四三）には宿の街道沿いが残らず家並みとなり、家数六百九十八軒、人口は二万三千三百七十七人と大発展した。

江戸と外国人屋敷

江戸城へ向かった外国人たち

幕府の威光をアピール

江戸時代は鎖国《さこく》で、外国との交流はまったくなかったと思いがちだが、例外的にオランダと交易をしていたし、朝鮮使節は江戸城に登城し、江戸の人びとも交流していた。

鎖国令は寛永十年（一六三三）、三代将軍家光のときに出されたが、オランダだけは貿易を許された。オランダ商館長はお礼のために江戸に赴き、江戸城で将軍家光に面会し、献上品を送った。それ以来、オランダ商館長が将軍に挨拶するのが通例となった。

こうした機会に、将軍たちは異国の文化に触れ、視野を広めた。一方、オランダはそのことによって、貿易を独占し続けることができた。

しかし、なかにはイタリア人宣教師シドッチのように、国禁を犯したとして捕らえられた者もいる。

当時、幕府は、きびしいキリシタン禁圧を行なっていた。シドッチは江戸の小日《こひ》向茗荷谷《なたみょうがだに》(文京区小日向)の切支丹《きりしたん》屋敷に囚禁《しゅうきん》されたが、六代将軍家宣《いえのぶ》は生活費を支給するなど、優遇した。だが、布教しないという禁を破ったため、シドッチは地下牢に移され、結局は病死した。

また、江戸の本石町三丁目(中央区日本橋室町四丁目)に、オランダ商館長らが江戸での定宿とした長崎屋があった。黒板塀に囲まれた本陣づくりで「オランダ宿」とも呼ばれた。彼らがやってくると、幕府医師をはじめ、天文方や蘭学者が押しかけ、新知識を吸収しようとした。

◆大陸の文化を運んできた通信使

朝鮮国王は、将軍の代替わりや世継ぎの誕生など慶賀のため、使節を日本へ派遣したが、これを「朝鮮通信使」と称した。

江戸時代を通じて十二回来日したが、幕府は最高の待遇でもてなすとともに、江戸城へ招くことで、幕府の威光を庶民に見せつけた。

『江戸図屏風』にも、子どもを肩車して見物する人びとや警護の武士、そのなかを

江戸の外国人屋敷

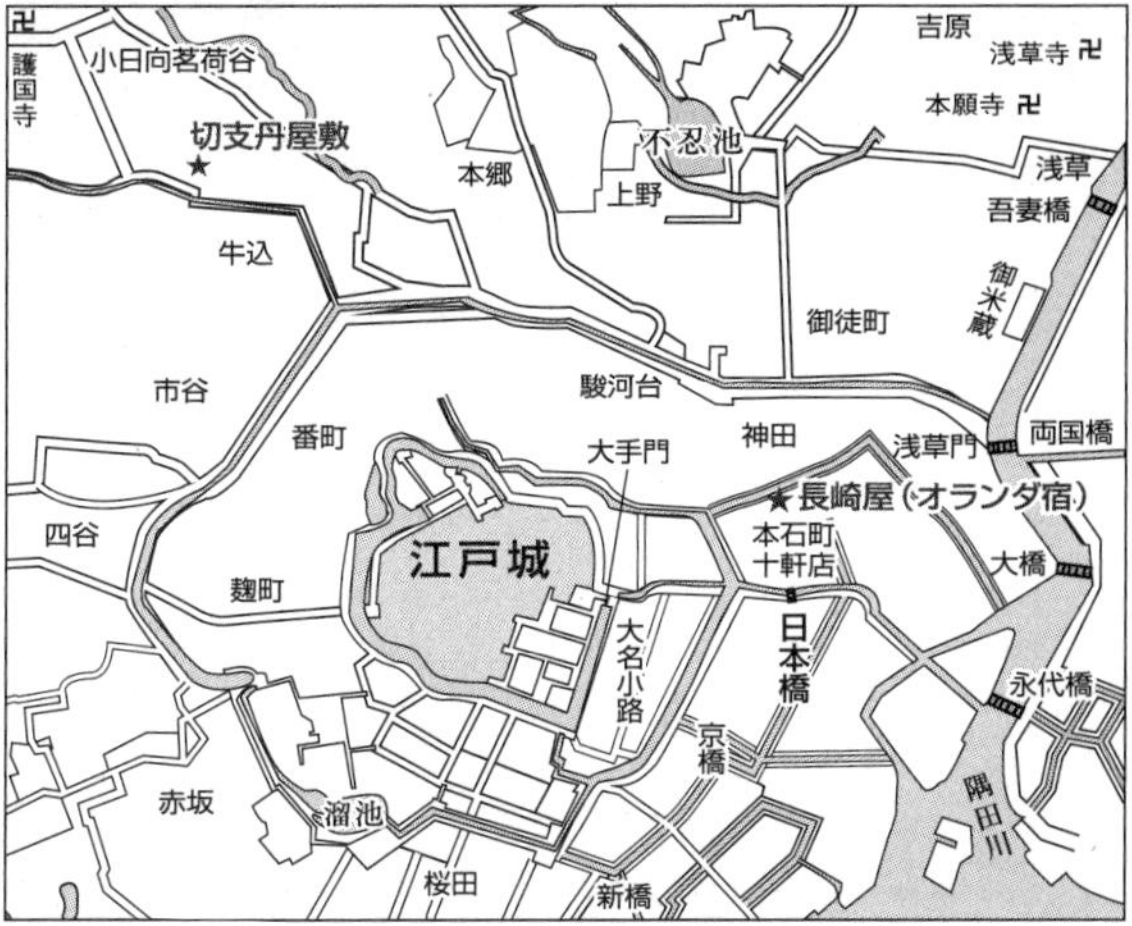

登城する使節一行が描かれている。

一行は約四百人ぐらいだが、朝鮮国の礼服をまとい、威儀を正して江戸城へ向かった。先頭のあとには長短のラッパをはじめとする楽士たちが、路地演奏をしながら行進する。大手門前で馬や輿《こし》をおりて城内へ向かうのである。

日本の衣服とは異なる、華やかな衣服をまとった異国人の行列は、物見高い江戸の人びとの関心を集め、江戸城への沿道は祭りのような賑わいとなった。この見物人たちをねらって、飲食物の屋台や担《かつ》ぎ売りが出たほどだった。

鎖国状態だった日本では、通信使の来日は異国文化に触れる珍しい機会だったから、宿泊先には多くの文人墨客《ぶんじんぼっかく》が集まり、交流がくり広げられた。

たとえば、一行の迎賓館として使われた備後国鞆ノ浦《びんごのくにとものうら》（広島県福山市）にある福禅寺の客殿は日本の漢学者や書家たちとの交流の場となったことで有名である。

二章

江戸城の見取り図と将軍の暮らし

江戸城 どのくらいの広さだったのか

広大な敷地を持つ将軍の居城

いまの皇居が江戸城跡だが、江戸城の広さはその数倍もあった。内堀内の内郭だけ見ても、周囲は約二里（約八キロ）。この地域に本丸、二の丸、三の丸、西の丸、北の丸、紅葉山《もみじやま》、吹上御苑《ふきあげぎょえん》などがあり、その広さは約三十万七千坪にもおよぶ。

初代家康《いえやす》にはじまり、二代秀忠《ひでただ》、三代家光《いえみつ》と築城工事がつづけられ、四十年の歳月をかけて完成した。もっとも、現在は本丸、二の丸、三の丸があった場所は、東御苑として一般公開されており、この地域には百人番所、松の廊下跡、天守台《てんしゅだい》（天守跡）など、江戸城を偲《しの》ぶ史跡がある。

本丸は将軍が日常生活を送る場であり、御殿は表、中奥、大奥に分けられていた。西の丸は、将軍を退いた大御所、あるいは将軍の後継ぎとなる男子の暮らす御殿で、本丸より小規模だが、本丸と同じように中奥、大奥があった。西の丸には山里、紅葉山という庭園が設けられ、紅葉山には歴代将軍の廟《びょう》や書物庫があり、「紅葉山文庫」

江戸城の配置

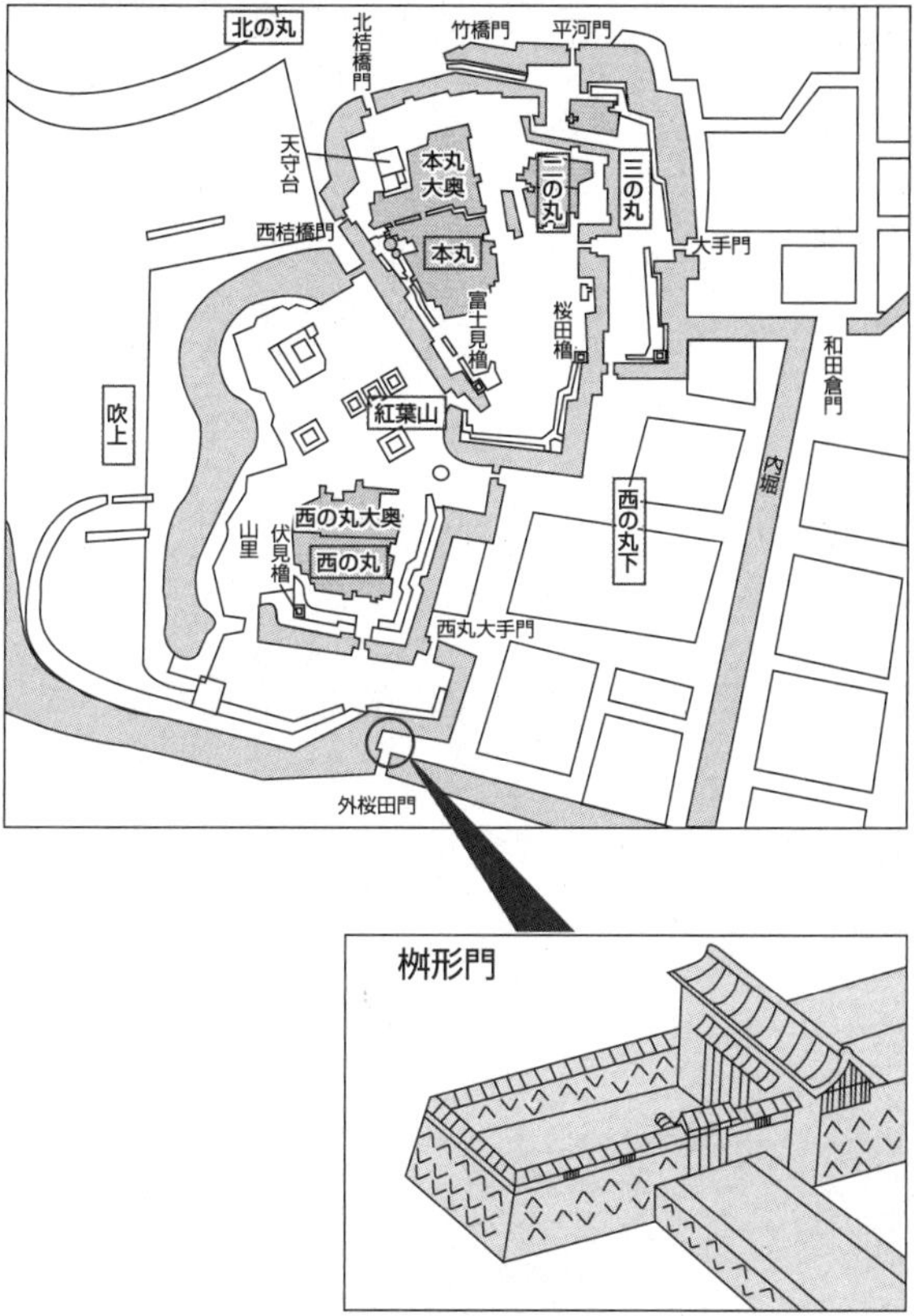

西の丸下の武家地から、堀に土手をのばした先につくられた外桜田門。

と呼ばれている。

江戸城には内郭と外郭を合わせて九十二の城門があったが、その多くは桝形《ますがた》門だった。桝形というのは、一の門と二の門のあいだに設けた方形の空地のこと。門の両側を高い塀にし、桝形の周囲は塀といった構造にして、敵の侵入を防ぐ仕組みになっていた。内郭の城門で現存するのは桜田門、坂下門、桔梗《ききょう》門（内桜田門）、大手門、平川門、清水門、田安門などだが、その典型的なのは桜田門だろう。

桜田門は細い橋を渡ると、高麗《こうらい》門（門扉の上の屋根のほか、左右の脇柱にも屋根がある門）があるが、入口が狭く、両側は高塀になっている。高麗門をくぐると、方形の空地（桝形）だが、逃げ場がない。右側に進むと渡り櫓《やぐら》があり、その下の門を通り抜けると、やっと城内である。

そのほか、城門や石垣の上に十九の櫓を築いた。防衛のためで、現存するのは富士見櫓、伏見櫓、桜田二重櫓の三つ。なかでも富士見櫓は、天守の代用とされた。

役務によって使いわけた本丸御殿

ところで、本丸御殿はどのようになっていたのだろうか。焼失と再建が繰り返さ

江戸城本丸

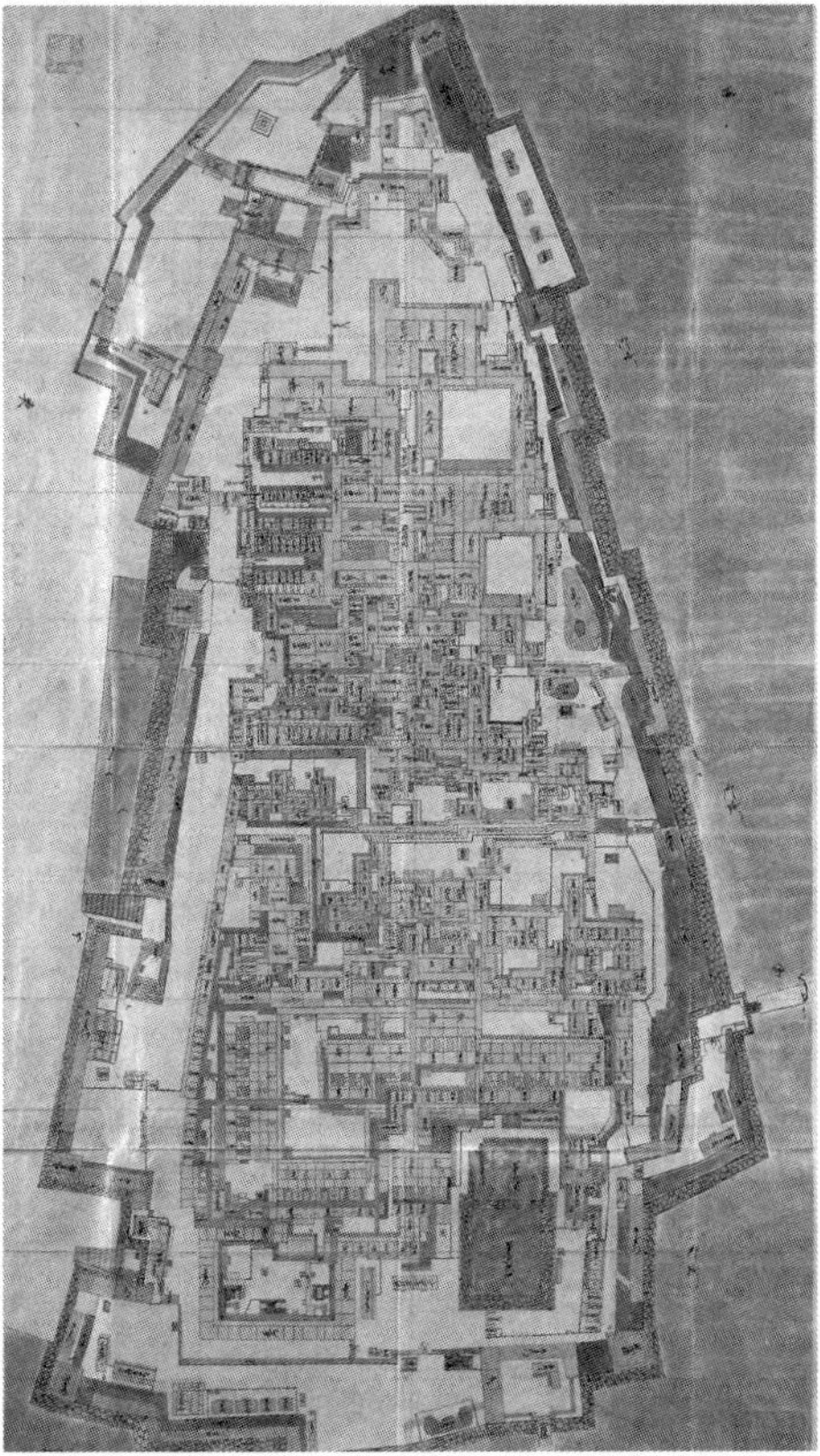

弘化年度の江戸城本丸全体図。建坪が約4万4000平方メートルという広大な御殿である。（東京都立中央図書館特別文庫蔵）

れたため、時代によって異なるが、弘化《こうか》二年（一八四五）の本丸御殿は、総建坪が京間一万千三百七十三坪（約四万四千平方メートル）という広さ。工費は百七十五万四千三百四十五両を要したというが、一両十万円として単純換算すると、千七百五十四億三千四百五十万円である。

本丸御殿のうち、表は謁見《えっけん》や儀式が行なわれたり、諸役人がつめて政務をとる幕府の中央官庁といった性格をもつ。部屋は、儀式に使われる大広間、白書院、黒書院などのほか、大名や幕閣、諸役人の控室や詰所が設けられていた。

中奥は将軍の執務室兼居間で、役人の御用部屋もある。将軍はこの中奥で食事をしたり、入浴したりするが、入浴のときには、警備と御用を合わせて七、八人が働いていたという。大奥は御台所《みだいどころ》（将軍夫人）をはじめ、側室や女中たちが暮らす将軍の私邸である。さて、部屋の広さだが、大広間は約五百畳。白書院は上段、下段にもう一間がついて三間だが、約三百畳あった。将軍は上段にすわり、御簾《みす》で上半身を隠すのが普通。黒書院は約百九十畳の広さだった。

それぞれの大名の城内での待機場所もあったが、これは役職や官位、城持ちか無城かなどの家格によって、厳密に分けられていた。

江戸城本丸天守

失われた壮麗な城建築

●将軍家光が建てた史上最大の天守

江戸城の本丸、大奥の北側に天守がそびえていた。いまは皇居東御苑の北桔橋《きたはねばし》門近くに天守台が残るだけだが、その立派な石垣をみていると、往時の壮大な姿が思い浮かぶ。『江戸図屏風』にも、江戸城のシンボルとして描かれている。

江戸城全体は三代将軍家光の代までかかって完成されたが、天守はそれぞれの将軍が別の天守を築いた。家康は慶長《けいちょう》十二年（一六〇七）、外観五層、内部七階の天守をつくった。高さは四十八メートル、敷地面積は安土城や大坂城の天守の二倍というから、全国一の規模だが、資料が残っていないため、詳しいことは不明だ。

二代将軍秀忠は天和《てんな》八年（一六二二）、家康がつくったものを取り壊し、北に二百メートルほど離れた場所に新築している。これは五層五階、地下（穴蔵）一層で、最上階の屋根には金の鯱《しゃちほこ》がきらめいていたという。

ところが、三代将軍家光もそれを壊し、新しい天守を建てた。石垣の下から金の鯱まで二十八間五尺（約五十二メートル）もあり、天守のなかで最大のものだった。土台の石垣は南北二十間一尺四寸（約三十六・五メートル）、東西十八間一尺（約三十三メートル）、石垣の高さは六間（約十一メートル）で、楼閣《ろうかく》一層の広さが約三百三十六坪（約千百九平方メートル）で、上に行くにしたがってせまくなり、最上の五層は約九十二坪（約三百四平方メートル）だった。

下から上へと各層の面積を規則的に減少させ、しかも比較的その差が少ない。このため、どっしりとした安定感があった。

◆すべてを焼きつくした「振袖火事」

明暦《めいれき》三年（一六五七）一月十八日の大火は、俗に振袖《ふりそで》火事といわれ、江戸市中の六割が焼失し、死者は十万人に達した。大名や旗本《はたもと》屋敷だけでも、千二百七十が灰になった。

江戸城の天守も、このときに焼失した。江戸城に火が燃え移ったのは翌十九日だが、火災によって生じたつむじ風のため、天守の二層目の窓が自然に開く。その結果、火を吸い込み、真っ先に天守が炎に包まれた。しかも、天守のところどころに

江戸城天守全体図

江戸城御本丸御天守百分一建地割

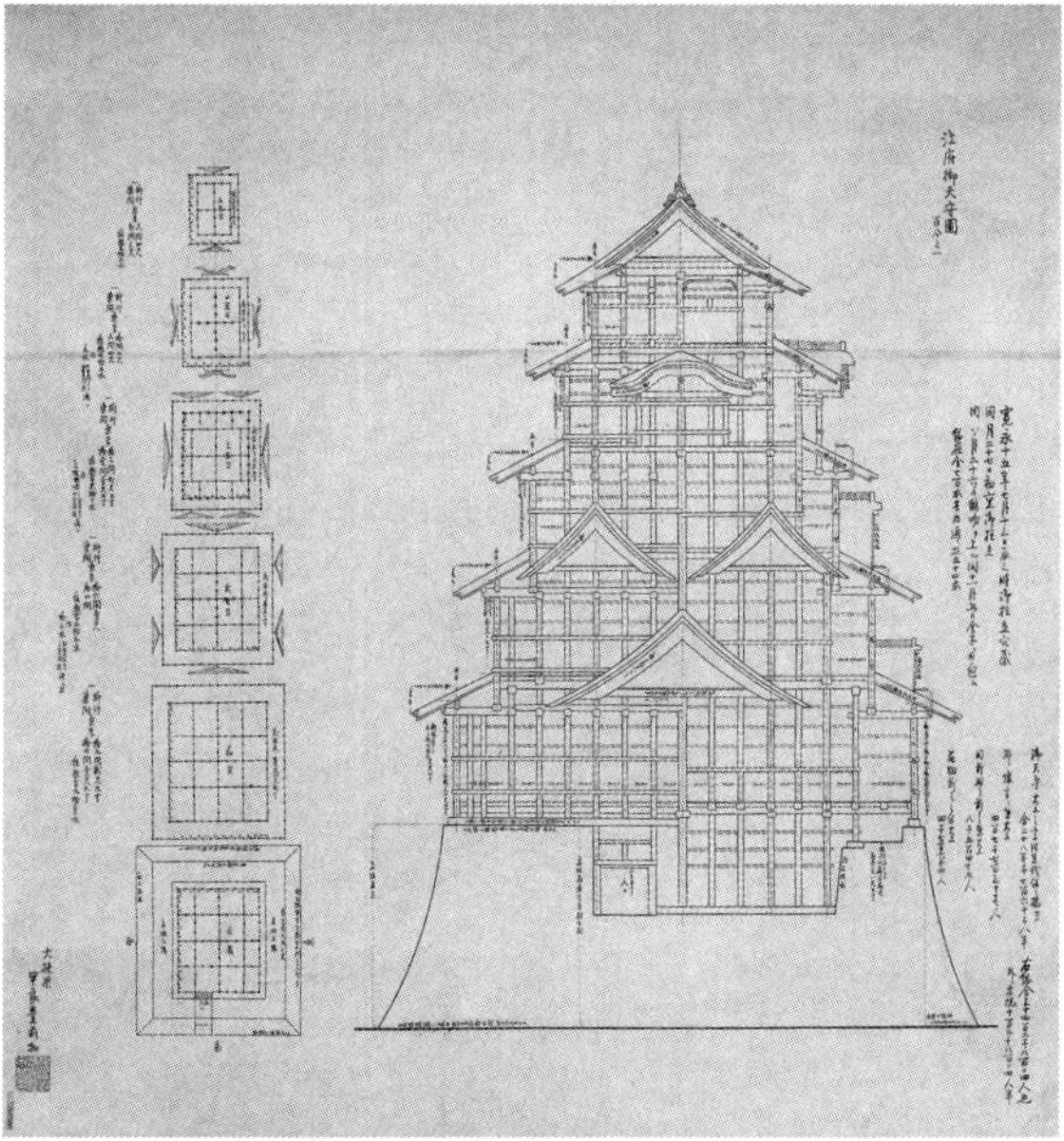

寛永15年（1638）に建てられた天守。江戸の町に同じく京間寸法で建てられた。最下部の初重が京間19間2尺9寸×17間1尺9寸、二重目は16間1尺×14間、三重目は13間2尺5寸×11間1尺5寸、四重目は10間5尺×8間4尺、五重目は8間4尺×6間3尺。

（東京都立中央図書館特別文庫蔵）

天守跡に残る天守台

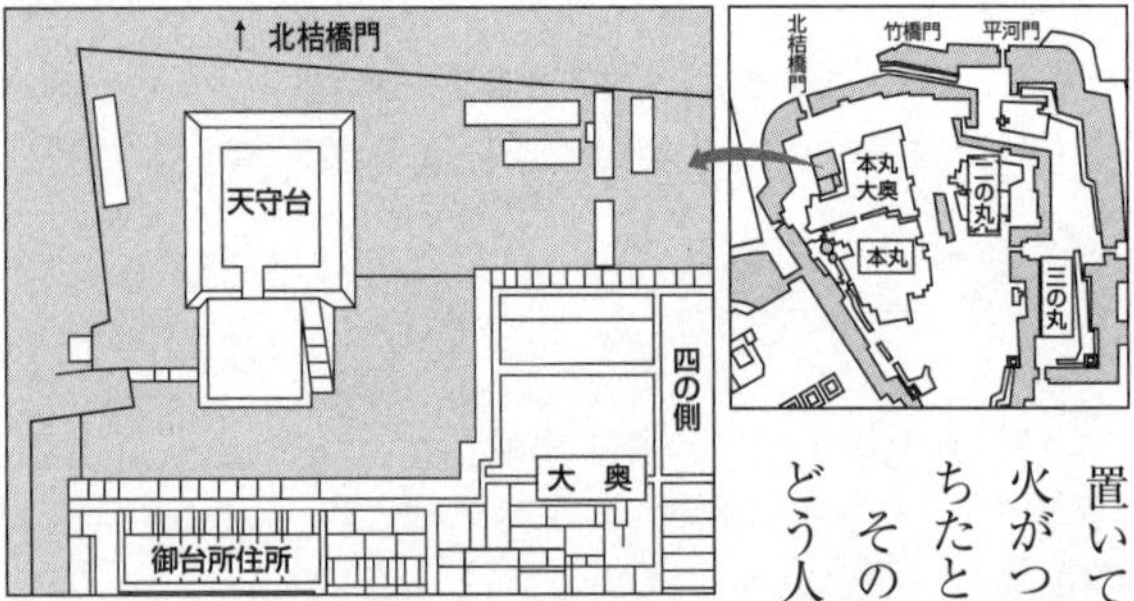
↑ 北桔橋門
天守台
四の側
大奥
御台所住所
北桔橋門
竹橋門
平河門
本丸大奥
二の丸
本丸
三の丸

置いてあった玉薬《たまぐすり》（鉄砲玉を発射するのに使う火薬）に火がつき、すさまじい爆発音とともに天守は燃え、崩れ落ちたという。

その後、本丸、二の丸とつづいて焼失し、城内は逃げまどう人でごったがえした。四代将軍家綱《いえつな》は西の丸へ避難。一月二十一日、鎮火すると、江戸庶民に十六万両を下賜《かし》したほか、さっそく復旧にとりかかった。

天守については、加賀前田《かがまえだ》家に天守台の石垣普《ふ》請《しん》を命じた。前田家では五千人の人夫を江戸に呼び寄せ着工した。ところが、石垣が完成したあと、将軍家綱の叔父で補佐役をつとめていた保科正之《ほしなまさゆき》が「いまの世では、天守はただの観望のためのものにすぎない。無用の長物に民力を削ぐことはない」と主張。将軍家綱も賛同したため、天守の再建計画は中止された。

江戸城本丸大広間

権威を示すために使われた舞台装置

大広間はどんな部屋であったのか

大広間は江戸城のなかで、もっとも大きなスペースを占めた大ホールのような施設であり、権威の象徴だった。本丸御殿の玄関を入った左側に位置し、東西は五十メートルを超すほどの広さ。部屋は上段（約二十八畳）、中段（約三十畳）、下段（約三十九畳）、二の間（約六十三畳）、三の間（約六十七畳）、四の間（約八十八畳）などに分かれていたが、あまりの広さのため、俗に「千畳敷」と呼ばれていた。

これらの部屋はコの字型に配置されていた。北から南へと上段、中段、下段が並び、東に折れて二の間、三の間が並び、さらに北へ折れて四の間がある。

大広間は将軍の権威を最大限に演出する場だから、下段から中段、上段を一列に並べ、床高をそれぞれ七寸（約二十一センチ）ずつ高くしてあった。

さらに天井にも変化をつけてある。下段は格《ごう》天井で、黒漆塗《くろうるしぬり》の格子《こうし》状の枠（格《ごう》縁《ぶち》）を組み、そのなかに極彩色の絵を描いたもの。中段の天井は下段よりも一段高くし、折上格天井《おりあげごうてんじょう》にした。これは、天井の周囲に曲面部をつけたものだ。上段は中段と同じように周囲で一度折り上がり、天井中央部でさらにもう一段折り上がった二重折上格天井である。上段から下段の三つの間に襖《ふすま》はなく、床の段差と天井から下りる欄間《らんま》で仕切られていた。

◯将軍のメインステージ

大広間では、将軍宣下《せんげ》、武家諸法度《しょはっと》発布、年始挨拶など公式行事が行なわれた。とくに年始の将軍への御礼言上は身分、家格などによって元日、二日、三日と三日間に分けて行なわれ、当日の服装も、将軍をはじめ侍従以上は直垂《ひたたれ》などを正装とすることになっていた。

元日には将軍が中奥の御座の間で将軍世嗣《せいし》と御三卿（田安家、一橋家、清水家）の年賀を受けた。

その後、表向の白書院に出御して御三家（尾張家、紀伊家、水戸家）や前田家、越前松平家、井伊家など大廊下詰、溜間詰、四位以上の年賀を受ける。このとき、将軍は上段の間に着座し、拝謁《はいえつ》する者は一人ずつ下段に進み、献上する太刀《たち》（木製

大広間とその周辺

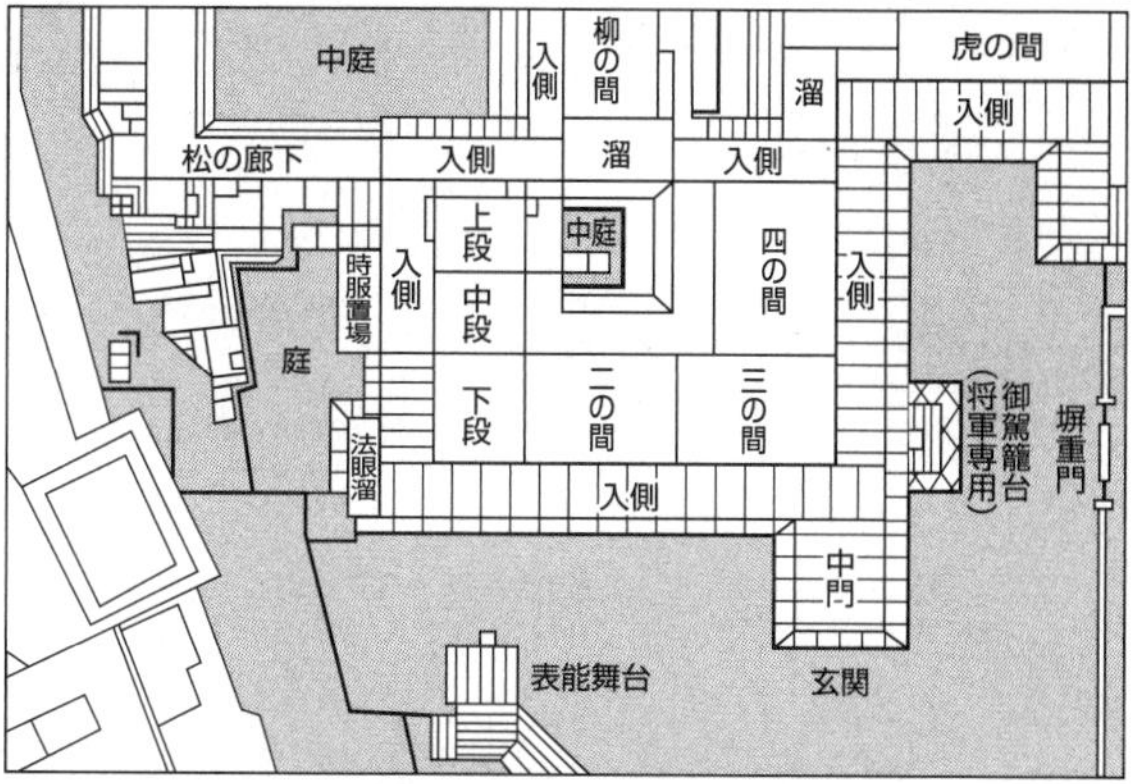

大広間はひとつの部屋ではなく、中庭を中心に上段から下段、二の間から四の間までがコの字型に配置されている。

江戸城本丸への登城口は、大手門と内桜田門（桔梗門）の二つ。普通はここで駕籠から降り、徒歩で城内に入った。つぎに大手三之門を通り、本丸御殿への最終門である中雀《ちゅうじゃく》門をくぐる。すると家臣が控える遠侍《とおざぶらい》があり、左手 の塀重門をぬけると玄関（中門）となる。

大広間での拝謁

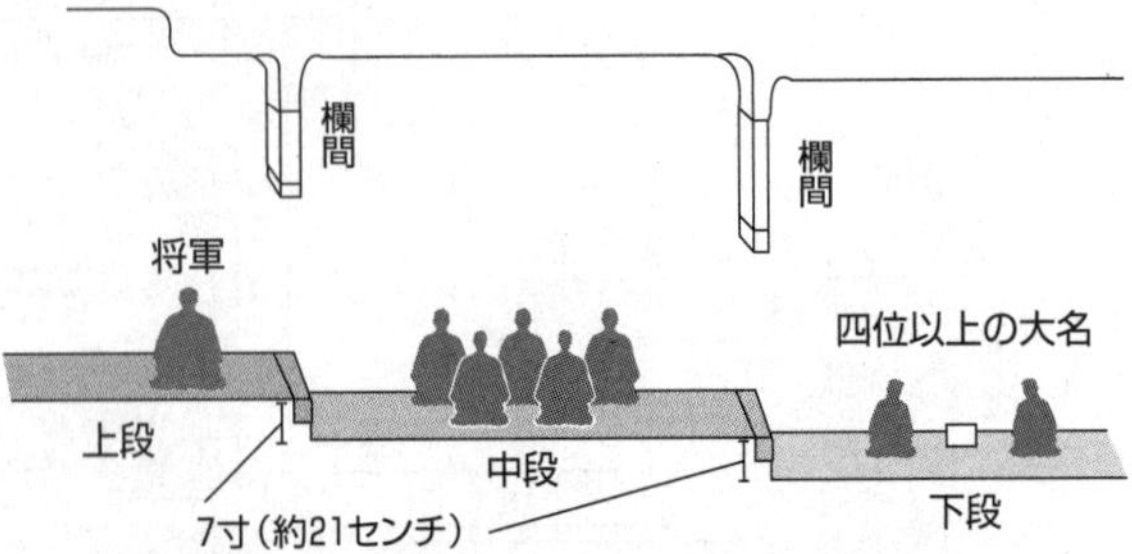

四位以上の大名は下段の間に座り、上段の間に座った将軍と対面する。それ以下の大名は将軍が下段の間にいて、二の間、三の間のほうを向いて謁見した。

の飾《かざり》太刀）と太刀目録を前に置いて拝礼し、老中がこれを披露したのち、盃や時服を拝領した。

拝謁する者の官位によって、太刀を置く場所や拝謁する場所を違え、ここでも格付けが厳粛に行なわれている。白書院での拝謁（独礼という）が終わると、大広間で五位以下の人びとの立礼謁見《りつれいえっけん》である。立礼は将軍が下段に立ち、老中両名が左右から二の間との境にある襖を開けると、二の間三の間に並んで座った謁見者が、一同そろって挨拶をした。

大広間は庶民の目に触れる機会もつくられた。毎年三月一日に大広間の能舞台で上演される能は、町人の代表も招かれて大広間の庭から見物した。これを「町入能《まちいりのう》」といったが、こうして町人たちにも幕府の威光が示されたのである。

江戸城本丸松の廊下

『忠臣蔵』で世に知られる大廊下

実はL字型であった松の廊下

江戸城本丸御殿、松の廊下といえば『忠臣蔵《ちゅうしんぐら》』を思い出す人も多いだろう。刃《にん》傷《じょう》におよんだ浅野内匠頭《あさのたくみのかみ》が、「殿中《でんちゅう》でござる！」といって制止されるお馴染《なじ》みの場面である。歌舞伎の舞台背景やドラマのセットなどで見る松の廊下は、まっすぐで壁に大きな松の大木が配されているが、実際には、松の廊下とはどんなところだったのだろうか。

この廊下は大廊下と呼ばれており、本丸御殿の大広間と白書院桜の間をつなぐ長い廊下だ。大広間の方から歩を進めると、中庭に出る。その向かい側に白書院があるが、この中庭の南側と西側にめぐるのが松の廊下だ。L字型に曲がっており、全長五十メートルにおよぶ。幅は南側が約三・六メートル、西側は約四・五メートルで、天井の高さは約三メートル。畳が敷かれており、広びろしている。

この大廊下の張付壁に、松の絵が描かれており、そこから松の廊下と称された。

張付壁は襖を嵌殺《はめごろ》しにし、開閉できないようにしたもの。ここに海辺に小ぶりの松が点在し、浜千鳥《はまちどり》が群れ飛ぶ様子が優雅な筆致で描かれていた。作者は狩野養信《かのうおきのぶ》と伝えられる。

松の廊下の先にあった白書院は、本丸御殿のなかで大広間につぐ高い格式をもつ座敷だった。上段の間、下段の間、連歌《れんが》の間、帝鑑《ていかん》の間、溜《たまり》（控室）の五室からなり、全部で百二十畳の広さがあった。

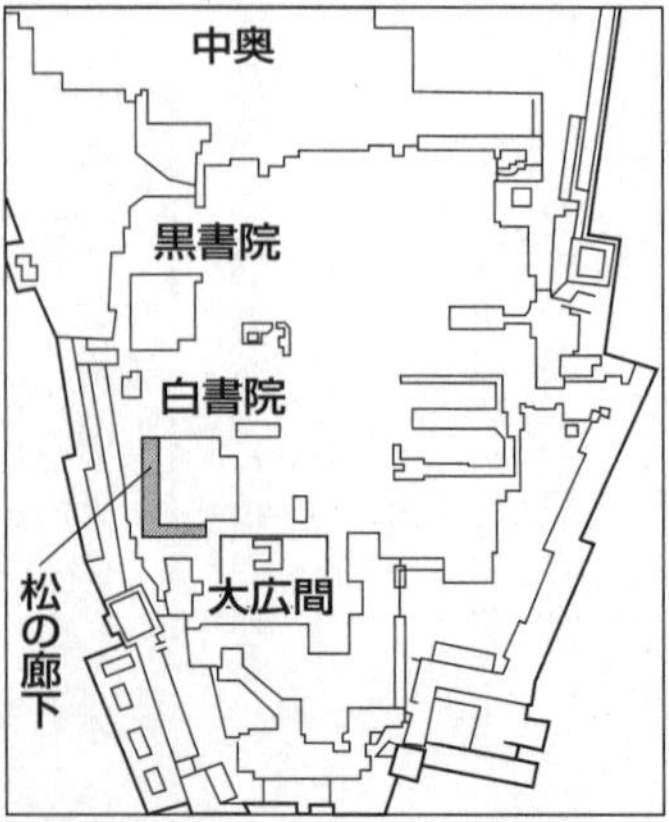

この北側には中庭があり、左側の竹の廊下を進むと黒書院である。上段、下段、西湖の間、囲炉裏《いろり》の間、溜などがあるが、白書院よりはせまく、広さは七十八畳ほどだった。

◆江戸城を騒然とさせた刃傷事件

『忠臣蔵』の元となった事件は、元禄《げんろく》十四年（一七〇一）に起きた。播磨《はりま》国赤穂《あこう》五万

松の廊下と赤穂事件の直前

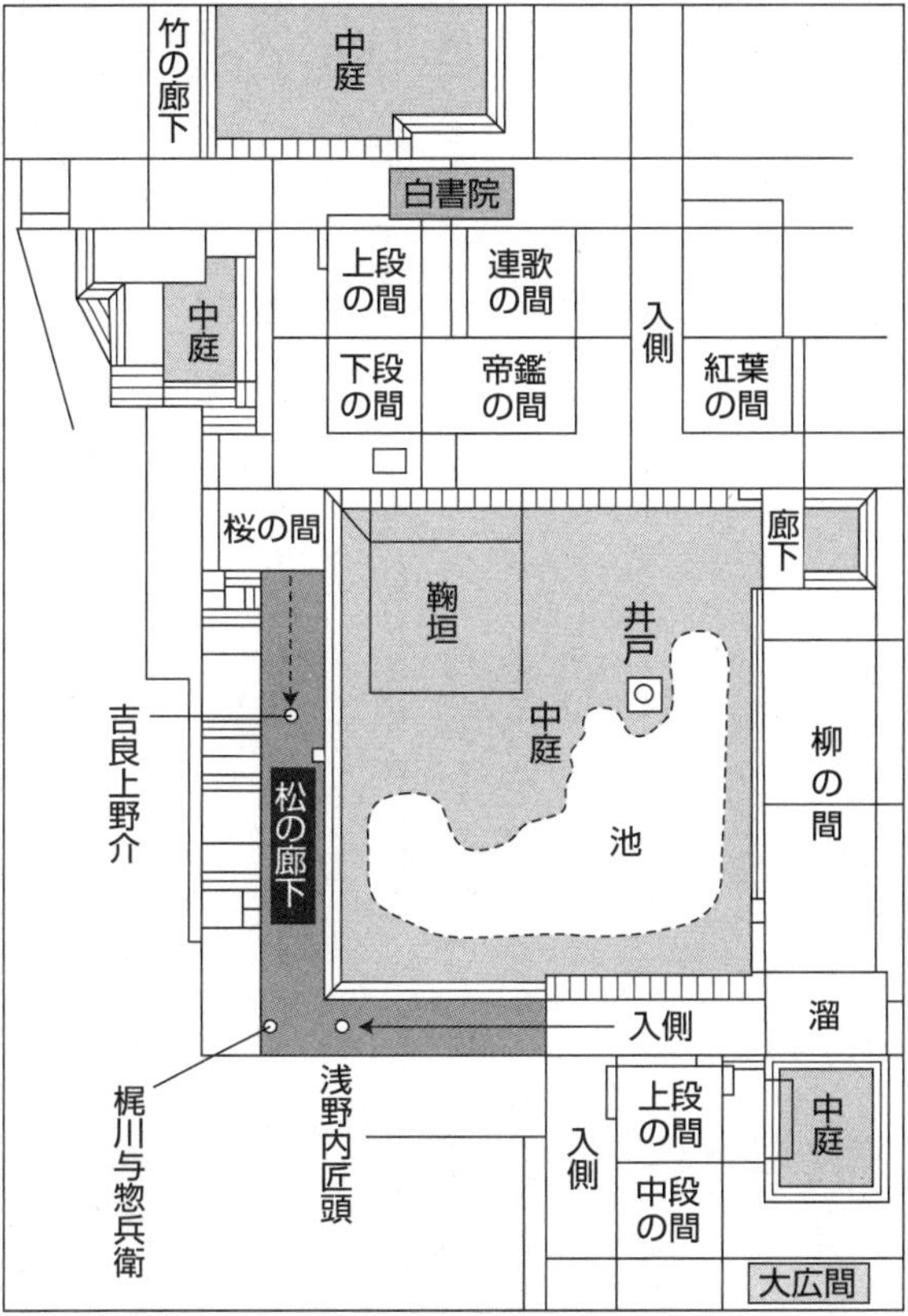

浅野内匠頭が大広間の方から、吉良上野介が白書院の方から現れて言葉を交わす。刃傷の起こる寸前である。内匠頭は梶川与惣兵衛に抑えられ、柳の間に入れられた。

三千五百石の城主浅野内匠頭長矩《ながより》が高家《こうけ》筆頭吉良上野介《きらこうずけのすけ》義央《よしなか》へ刃傷に及んだのだ。

天皇が幕府との交渉役として派遣する勅使《ちょくし》は、毎年三月に江戸城を訪れる。この年も三月十一日に江戸に到着し、十二日に将軍に対面、十三日に饗応《きょうおう》と例年通りのスケジュールをこなしていた。

最後の十四日は京都に帰るにあたって、白書院に勅使、院使を迎えて、将軍綱吉《つなよし》が答礼の儀を行なうことになっていた。

その白書院へ向かう松の廊下で、勅使接待の任にあたっていた浅野内匠頭が、儀式を進行する最高職である高家の吉良上野介に斬りかかった。その理由については、吉良が十分な指導をしてくれなかったため、恨みに思って斬ったとか、精神に障害があったなど、諸説があってはっきりしない。

いずれにせよ、浅野は即日切腹を命じられ、一年九か月後には赤穂浪士の吉良邸討ち入りが起こるのだ。

ところで、勅使、院使を迎えての答礼の儀はどうなったのか。白書院へ通じる松の廊下が穢《けが》されたため、場所を黒書院に変更して行なわれた。予定時間より少し遅れたものの、答礼の儀は無事に終わった。

江戸城本丸中奥

将軍が暮らした城の心臓部

将軍の執務室は江戸城本丸の中奥にあり、「御座の間」と称した。御座の間は上段、下段、二の間、三の間、大溜など。御座の間は将軍の執務室と書いたが、具体的には将軍がここに老中などの幕府諸役人、大名を召し出し、政務について申し渡しをしていた。

●将軍によって変化した中奥の部屋

将軍の居間として「御休息の間（上段、下段）」があるが、応接間をかねていて、七、八人の小姓《こしょう》が待っていた。それにつづいて「御小座敷」もあり、さらに、付属して「膳立《ぜんだて》の間」「坊主部屋」「御側衆《おそばしゅう》詰所」のほか、「湯殿」や「大台所」などもあった。中奥のさらに北側は、広大な大奥である。

中奥は官邸であると同時に、生活の場でもあったため、将軍によって部屋の配置などが異なっていた。

たとえば五代将軍綱吉《つなよし》の代までは、御座の間につづく御休息の間や御小座敷はなかった。貞享《じょうきょう》元年（一六八四）に、若年寄稲葉正休《いなばまさやす》が大老堀田正俊《ほったまさとし》を殺害するという刃傷事件が起きたため、将軍の身の安全を図って御用部屋が御座の間から遠ざけられ、かわって御休息の間や御小座敷が設けられた。

中奥は女人禁制だが、女中詰所がつくられたこともある。七代将軍家継《いえつぐ》はわずか四歳で将軍となったため、表向へ出御するときには側用人《そばようにん》が抱きかかえ、四人の女中がつきしたがっていた。将軍が幼児とあっては女人禁制の掟《おきて》を破ってでも女中詰所をつくらざるをえなかったろう。

八代将軍吉宗《よしむね》の時代になると、女中詰所がなくなり、代わりに吉宗独自の部屋として御書物部屋と御薬部屋とがつくられた。

●毎日が入院生活のような将軍のスケジュール

では、将軍の日常生活はどのようなものだったのだろうか。

当時、江戸庶民は朝日とともに活動しはじめたが、将軍も朝六つ（午前六時）ごろに起床した。小姓が寝所に入ってきて目覚めを確認すると、「もう！」と大声で触れを出す。これを聞いた小納戸《おなんど》がうがいや洗面の用意を持参し、洗面と歯磨き、

将軍の暮らしの中心、中奥

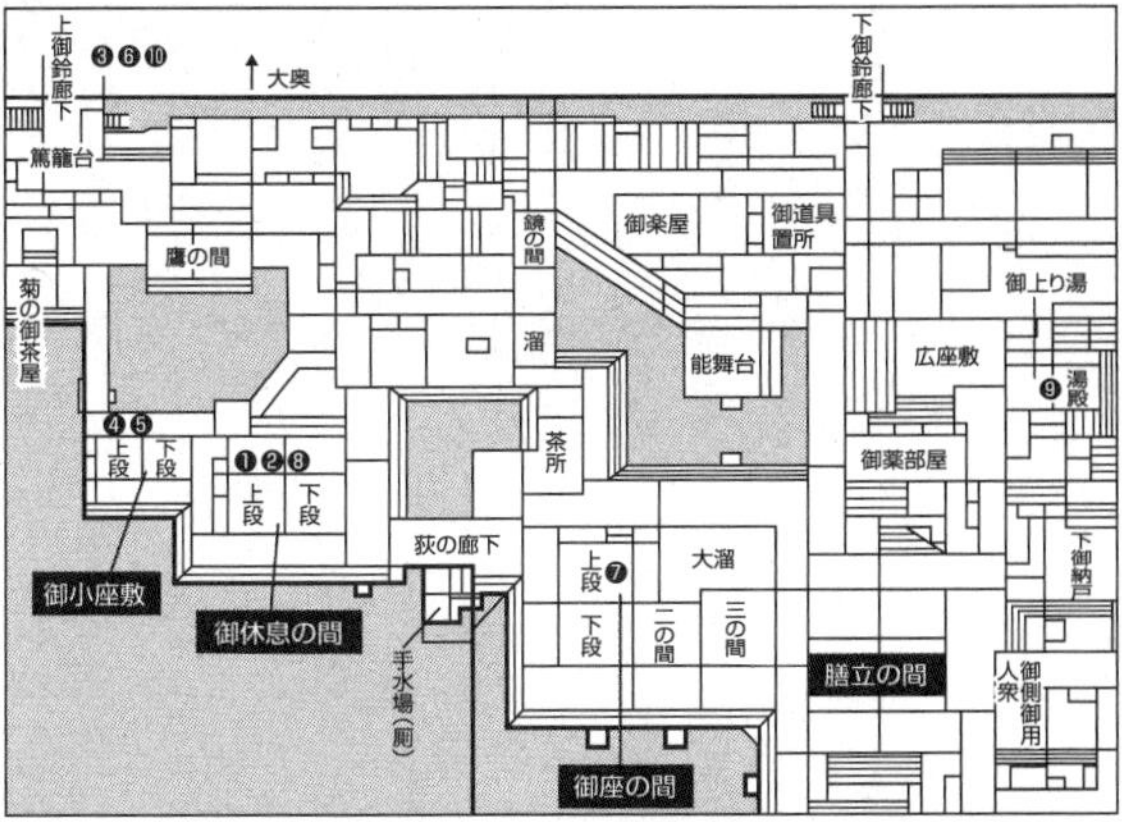

弘化度平面図より作図

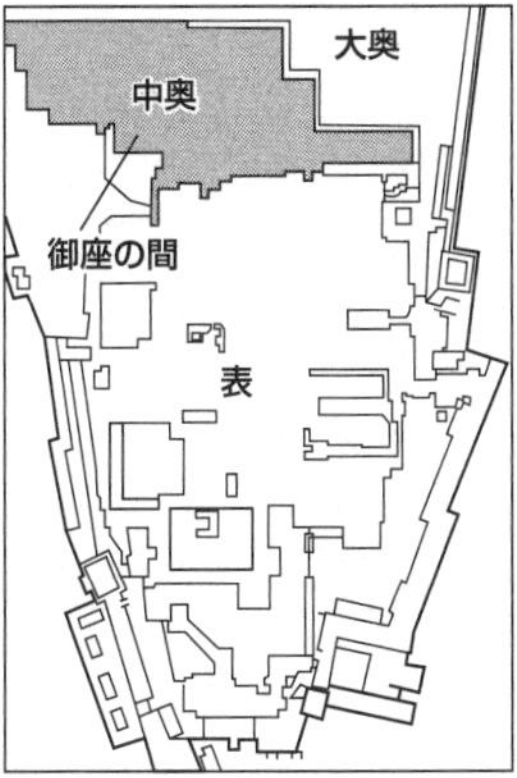

将軍の一日

①御休息の間にある、上段の間で朝六つに起床。
②歯磨き、洗面は毛氈《もうせん》を敷いた上で行なう。
③大奥の仏間へ行って、御台所《みだいどころ》（将軍夫人）と手を合わせる。
④御小座敷に戻って朝食、その間に髪を結う。
⑤検診を受ける。
⑥大奥へ出向き、総触れ。
⑦自由時間に武芸や学問に励む。
⑧昼食の後、御側御用取次に書面を読み上げさせて政務。
⑨入浴は毎日～三日に一度。将軍によって異なる。
⑩奥入り、もしくは小姓を相手に将棋や囲碁をして過ごす。

着替えをする。大奥の仏間に出向き、代々の位牌《いはい》を拝んだあと、中奥の御小座敷で朝食を取りながら髪を結わせる。

それがすむと六～十名の医師による検診が待っている。内科は毎日、外科、眼科、針科などは三日に一度である。

検診が終わるのが午前九時ごろだが、将軍は再度大奥に出向き、御目見《おめみえ》以上の女中を謁見（総触れ《そうぶ》）し、戻ってくると普段着に着替える。昼食までが自由時間で、武芸の練習や学問に励むのが普通だった。

昼食の後は、御側御用取次二～三人を置いて御休息の間で政務を行なう。このときは身の回りの世話をする小姓、小納戸は「お人払い」となる。御側御用取次《おそばごようとりつぎ》は老中から引き継いだ書面を一件ごとに読み上げ、それを将軍が決済していく。少ないときでも二～三時間、多忙なときは深夜までその作業が続いた。

政務が終わると風呂に入る。夕食の後、将棋《しょうぎ》や囲碁《いご》を楽しむか、大奥に入るかして将軍の一日は終わる。

食事は毎回十人ほどの毒味を経てくる冷えきったもの。なにをするにも人がかりで、毎日検診を受ける生活は、入院中の病人のようでもある。

江戸城本丸大奥「後宮三千人」といわれた大奥の真実

大奥への唯一の入り口「御鈴廊下」

テレビドラマでお馴染みになった女の園、大奥は「後宮《こうきゅう》三千人」といわれるだけあって、本丸御殿の半分を占める広大な面積を持っていた。大奥は将軍の妻と側室が生活する場所であり、将軍の私的な空間でもある。

原則として男子禁制なので、中奥との境は銅塀で区切られていた。しかし、実際には御三卿や御三家、譜代《ふだい》大名で御台所《みだいどころ》（将軍夫人）や側室の親戚にあたる者、老中、留守居役《るすいやく》、大奥付きの医師、僧侶などの男性が大奥に出入りを許可されていた。また、お年寄、中年寄など格式の高い奥女中は五菜《ごさい》という部屋付きの下男を個人的に雇っており、女中の宿元への使いや買物、外の用事をさせていた。建て前は男子禁制でも、けっこう男の出入りはあったのである。

大奥と将軍が普段生活している中奥をつなぐのは「上御鈴《おすず》廊下」「下御鈴廊下」と呼ばれるふたつの廊下だけである。

本丸大奥の南側

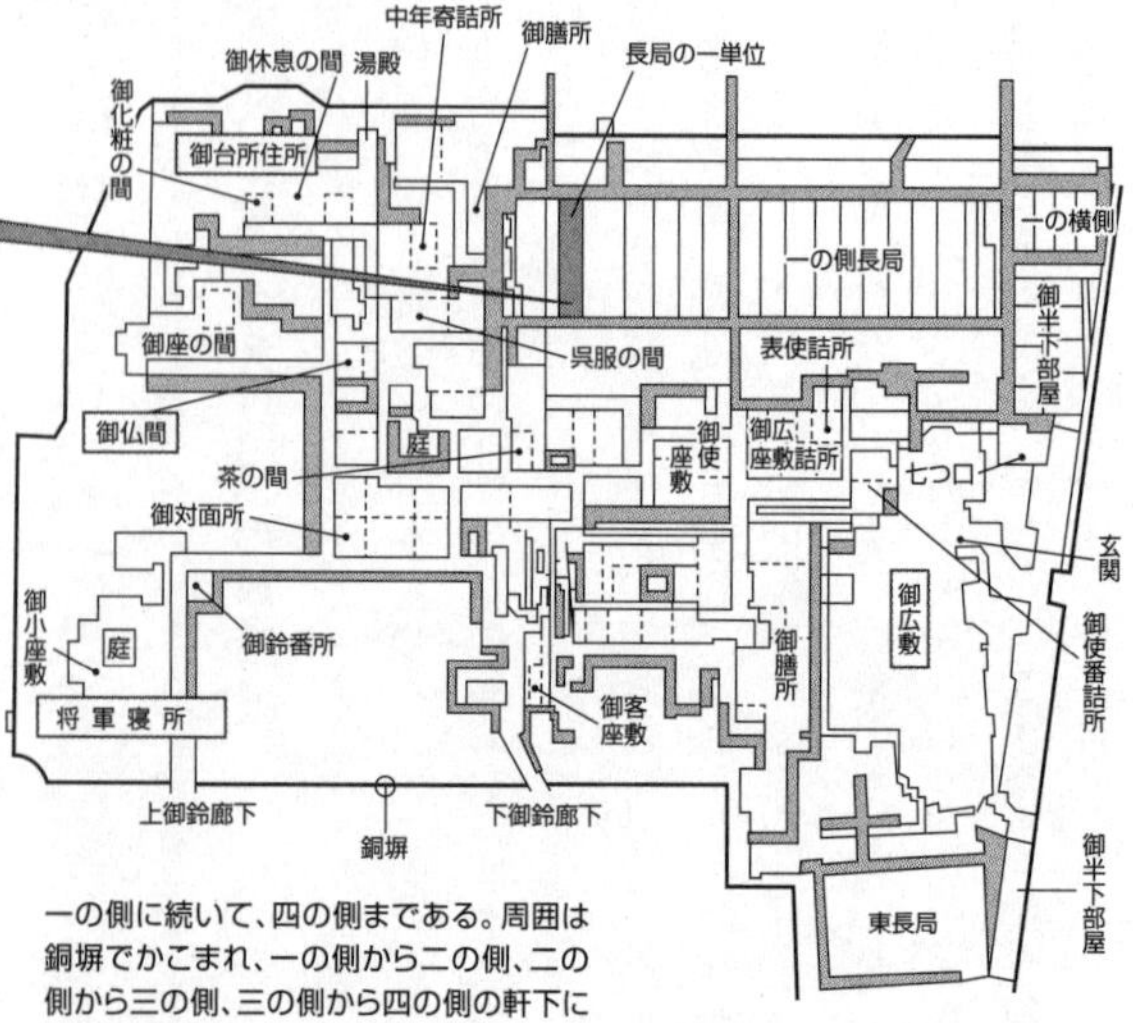
中年寄詰所
御膳所
長局の一単位
御休息の間
湯殿
御化粧の間
御台所住所
一の横側
一の側長局
御半下部屋
御座の間
呉服の間
表使詰所
御仏間
御使座敷
御広座敷詰所
庭
七つ口
茶の間
御対面所
玄関
御広敷
御使番詰所
御小座敷
庭
御鈴番所
御膳所
将軍寝所
御客座敷
上御鈴廊下
下御鈴廊下
銅塀
御半下部屋
東長局

一の側に続いて、四の側まである。周囲は銅塀でかこまれ、一の側から二の側、二の側から三の側、三の側から四の側の軒下には金網が張り渡されていた。

廊下には鈴の付いた紐《ひも》が渡されていて、将軍が大奥入りをする際に中奥側から紐を引くと鈴が鳴り、御鈴番所にいる「御錠口《おじょうぐち》」という女中が戸を開けるようになっていた。

上御鈴廊下は幅が約四メートル八十センチという広い廊下だが、中奥と大奥が接する部分で、幅約三メートルと約二メートルの二列に仕切られて、それぞれ杉戸が付いていた。広い方が将軍専用、狭い方は大奥と中奥を自由に出入りする御坊主（女性）用だっ

長局の一単位一階部分

一の側の御年寄クラスの局は70畳ほど。局、局の世話をする女中、下働きをする者、炊事や洗濯をする者など12〜14人ほどが一階で暮らしていた。長局は二階建てで、二階には御中臈など相部屋の者が住んだ。

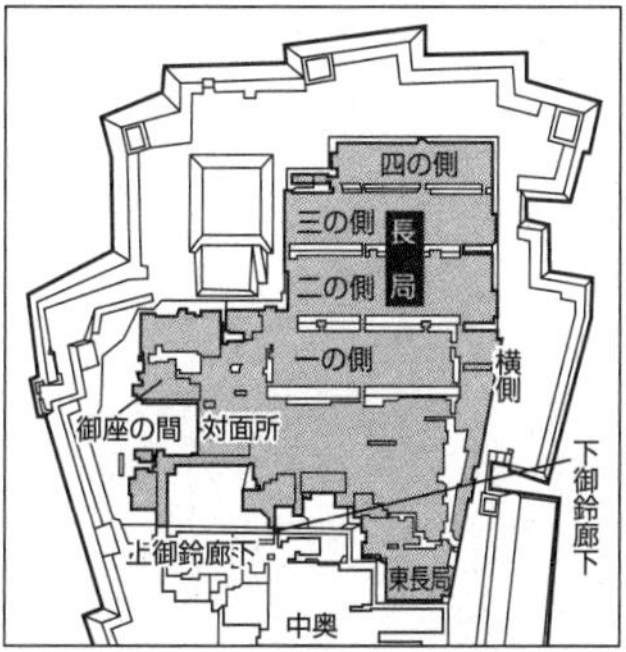
四の側
三の側
長局
二の側
一の側
横側
御座の間
対面所
下御鈴廊下
上御鈴廊下
東長局
中奥

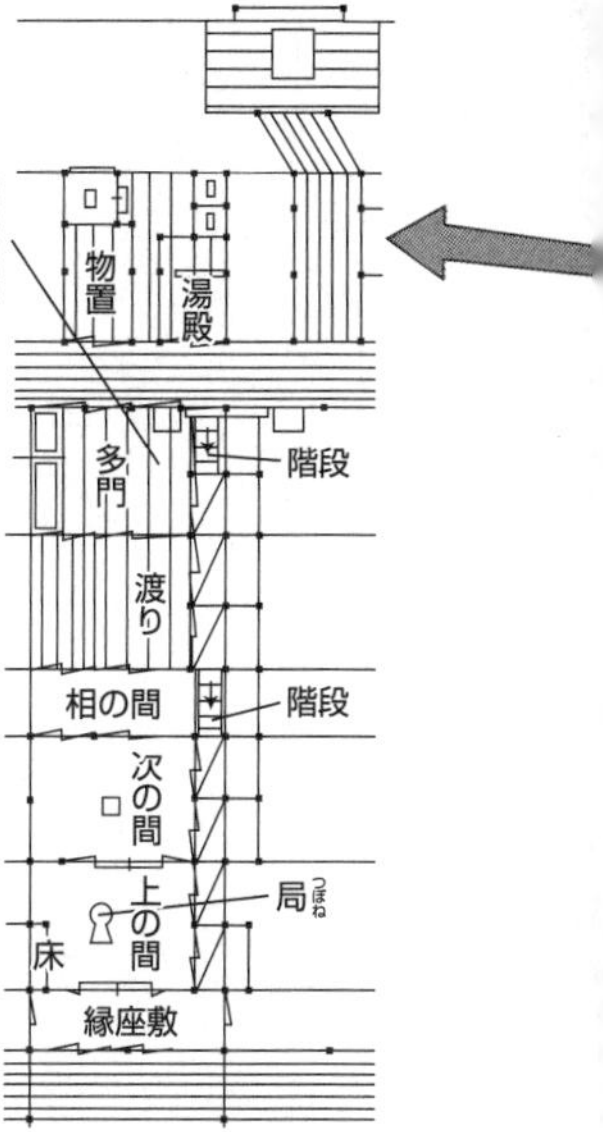
女中部屋
物置
湯殿
多門
階段
渡り
相の間
階段
次の間
上の間
局《つぼね》
床
縁座敷

たようだ。

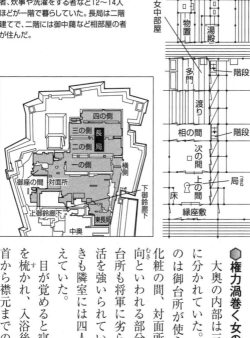

権力渦巻く女の園の実態

大奥の内部は三つのエリアに分かれていた。中心となるのは御台所が使う御座の間、化粧の間、対面所など、御殿《ごてん》向《むき》といわれる部分である。御台所も将軍に劣らず窮屈な生活を強いられていて、寝るときも隣室には四人の宿直《とのい》が控えていた。

目が覚めると寝たままで髪を梳《す》かれ、入浴後、お歯黒《はぐろ》と首から襟元までの白粉《おしろい》を終え、髪を結わせながら朝食をとる。つぎにうがいと洗顔をして化粧と着替えをし、将軍を迎え、二人で仏壇に手を合わせ、御座の間で総御目見するのである。御台所はその場その場で着るものが決められており、一日に五回はお召し替えをすることになっていた。

二つ目のエリアは広敷向《ひろしきむき》で、ここでは大奥に勤める男性役人が仕事をしていた。大奥で唯一公然と男性がいてもよい場所である。

三つ目が長局《ながつぼね》でここには大奥に勤務する何百人もの女中が暮らしていた。壮大な女子寮といったところだが、長局は二階建ての建物が東西に長く連なったものが、四列並んでいて、南から一の側、二の側、三の側、四の側と呼ぶ。さらにその東側には一の横側、二の横側、三の横側と、御半下《おはした》部屋が設けられていた。

女中の役職の格式によって住む部屋が決められており、一の側には御年寄、二の側には御客会釈《おきゃくあしらい》、御中臈《おちゅうろう》、御錠口、三の側、四の側には表使などが暮らしていた。また、年寄など格式の高い者は一人部屋だが、格式が下がると三〜五人の相部屋だった。

大奥では火の用心にはきびしく、天ぷらを揚げるのさえ禁じていた。ほかに「御火の番」という役を設け、大奥の部屋をまわって注意をして歩くほど徹底していた。

江戸城御花畠

珍しい花を集めた将軍の植物園

江戸では将軍をはじめ、旗本や庶民にいたるまで花づくりが好まれた。いまとは好みの植物が異なるものの、珍しい花を求める気持ちは変わりがない。

『江戸図屏風』を見ると、江戸城内に「御花畠《おはなばたけ》」が描かれている。もっともこれは築山《つきやま》や池、石組みなどを特徴とする日本庭園とは異なり、植物園のように見える。

この御花畠は、徳川家康が幕府を開いてまもなく、駿府《すんぷ》（静岡市）から花の手入れの名手・芥川小野寺《あくたがわおのじ》を呼び寄せてつくらせた。御花畠には、その花を観賞する東屋《あずまや》が建てられていたが、全体としてはシンプルなものであった。

献上品としてのレア品種

二代将軍秀忠がもっとも好んだのが椿の花だが、花好きは三代将軍家光にも受け継がれ、御花畠には珍しい花々が集まっていた。

慶長《けいちょう》十九年（一六一四）、薩摩《さつま》藩主島津家久《しまづいえひさ》が大御所家康に琉球《りゅうきゅう》から取り寄せた仏桑花《ぶっそうげ》（ハイビスカス）と茉莉花《まつりか》（ジャスミン）を献上した。その後、諸大名のあ

（国立歴史民俗博物館蔵）

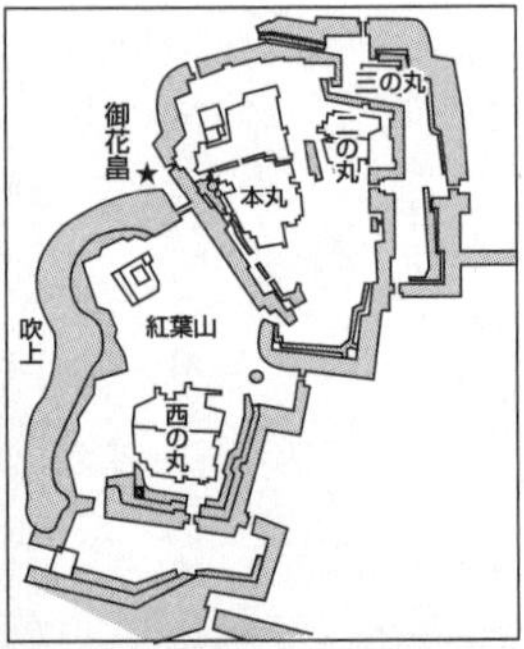

江戸城にある御花畠『江戸図屏風』より
二代将軍秀忠が好んだという、いろいろな椿の木が植えられているのがわかる。そのほかにも、菊や、すかし百合、撫子《なでしこ》などが植えられていた。左上の隅には、花畠全体を見渡せる東屋が見える。

いだでは国許の珍しい植物を熱心に育てることが流行。他国では手に入らない品種を「御留花《おとめはな》」として門外持出し禁止にし、破るものを手打ちにしたほどきびしく取締まった。

このガーデニング熱は下級武士たちのあいだにも違う意味合いをもって広がった。

副収入源としての武士の園芸

江戸中期になると、世の中が豊かになり、消費も活発になっていく。だが、武家の俸《ほう》禄《ろく》は固定されていて、役職にでもつかないかぎり、昇給することはない。そのため、物価が上がると、下級武士たちは、苦しい生活を強いられる。なかには借金返済のために、武士の身分を売る御家人も出るほど。傘張りや提灯《ちょうちん》張り、下駄《げた》の鼻緒《はなお》づくりなど内職に精を出す下級武士も増えた。大久保百人町（新宿区百人町）にあった、百人組同心組屋敷では、つつじを栽培し、これを売って暮らしの足しにした。

文化《ぶんか》十一年（一八一四）刊の『遊暦雑記《ゆうれきざっき》』は「大久保のつつじが江戸第一の壮観」と書いたほど。東西八間《けん》（約十四・四メートル）、南北二町《ちょう》（約三百十八メートル）の両側に、なんと数千本ものつつじが植えられていたというから、花の季節には見事な眺めだった。

花が咲きそろうと、あたり一面が燃えたように赤くなる。押しかけた見物人たちの顔も赤く染めたように見えた。『江戸名所図会』にも、つつじのなかを歩く女たちの姿が描かれている。

下谷御徒町《したやおかちまち》（台東区秋葉原）にあった徒組《かちぐみ》の組屋敷では、朝顔の栽培が盛んだった。文化・文政《ぶんせい》年間（一八〇四〜二九）は朝顔の変種づくりが流行。珍種が高値で取引されたため、下級武士は金を稼ごうと朝顔の変種づくりに熱心に励んだ。

下級武士のあいだで流行していたガーデニングは、趣味というのではなく、きわめて実用的なものだった。

大久保百人町のつつじ 『江戸名所図会』より

霧島《きりしま》という品種の赤い色が好まれた。右上には、つつじの赤に夕日が映えて、錦繍《きんしゅう》の林のようで壮観である、とある。水戸の偕楽園には樹齢約250年という霧島つつじの大木があるが、武家の庭にも好まれた。

二章

武家屋敷の見取り図と武士の暮らし

徳川御三家

広大で華麗なたたずまいの屋敷

◆吹上庭園にあった御三家屋敷

徳川家康《とくがわいえやす》は尾張《おわり》、紀伊《きい》、水戸《みと》の御三家をつくったが、それは将軍家に継嗣《けいし》（世継ぎ）がない場合、それに代わって将軍家を継ぐ、という役目を担うためだった。

家康には十一人の男子が授かったものの、その多くを病死などで失ってしまった。そこで万一の場合を考慮して、九男義直《よしなお》を独立させ、名古屋城主とした。こうして尾張徳川家を創設。十男頼宣《よりのぶ》は和歌山城主とし、紀伊徳川家を開かせた。ついで、十一男頼房《よりふさ》を水戸に移し、水戸徳川家の初代とした。

御三家には、ほかの大名家より多くの特権をあたえたが、立場はあくまでも将軍の家臣にすぎない。このことは家康も死の直前、厳しく言い残している。

徳川御三家の屋敷は、当初、江戸城本丸の吹上《ふきあげ》に建てられた。『江戸図屏風《びょうぶ》』にも描かれている

（国立歴史民俗博物館蔵）

吹上にあった徳川御三家　『江戸図屛風』より

左より尾張、水戸、紀伊の屋敷。

江戸城配置図

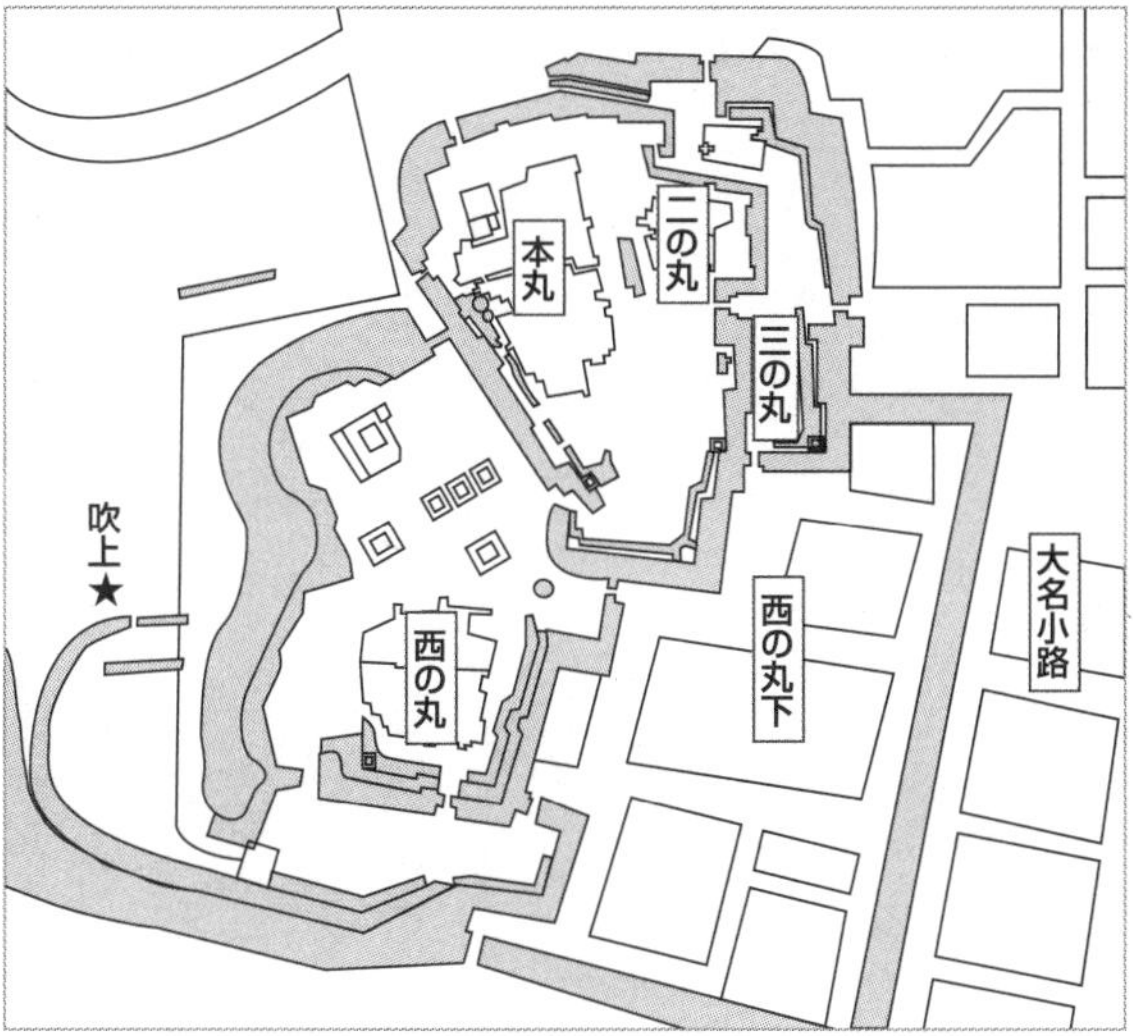

が、いずれも切妻造《きりづまづくり》軒唐破風《のきからはふ》檜皮葺《ひわだぶ》きの御成門《おなりもん》（将軍が御成りのときに使用する門）と、四脚をもつ大棟《おおむね》門形式の瓦《かわら》門を並べ、華麗なたたずまいを競っていた。

さらに檜皮葺きの玄関、遠侍《とおざぶらい》（当番武士の詰所）、広間や書院など、いずれも華麗な彫刻で飾り立てた。

しかし、明暦《めいれき》三年（一六五七）の大火によって、江戸城とともに御三家の華麗な屋敷も焼失。その後は、江戸城を火災から守るためにと、尾張は市谷に、紀伊は赤坂、水戸は小石川へと移された。一方、吹上は池谷滝見茶屋、紅葉茶屋などが設けられ、庭園として整備されていった。

◆御三家の特権をあらわす広大な屋敷地

御三家がいかに特別な家格であったかは、官位や江戸城内での扱いで分かる。

尾張六十一万九千五百石　大納言
紀伊五十五万五千石　大納言
水戸二十八万石　中納言

石高《こくだか》を他家と比べると、加賀《かが》前田《まえだ》家百二万二千石、薩摩《さつま》島津《しまづ》家七十二万八千石、

徳川御三家と武家地の分布

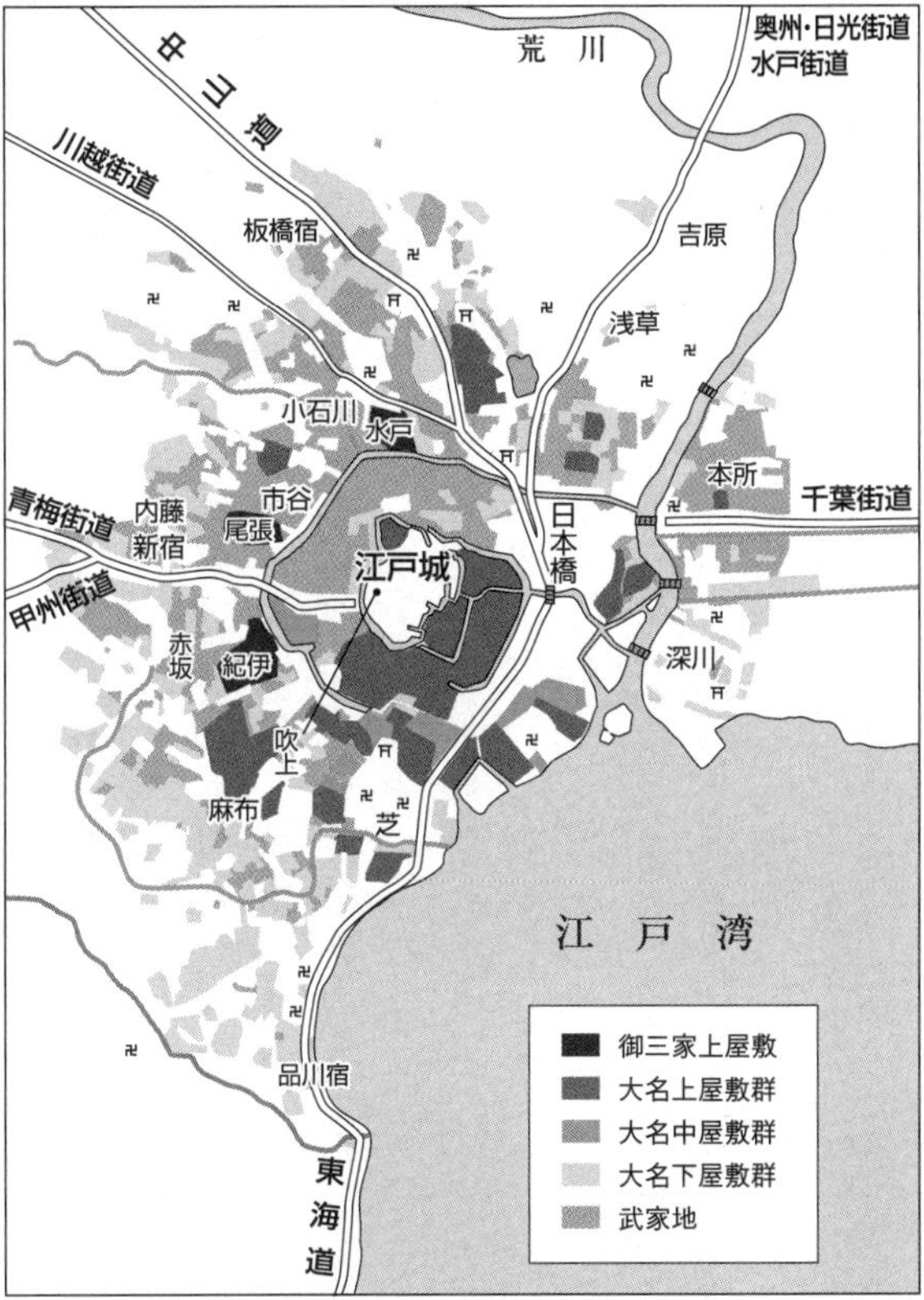

もともとは江戸城内の吹上にあった徳川御三家の屋敷は、明暦の大火を機に移転させられた。紀伊家は現在の迎賓館の場所、尾張家は市谷の防衛省の場所、水戸家は小石川後楽園としてその跡地を残している。武家屋敷の広がりが、江戸の町を広げていった。

仙台伊達《だて》家六十二万五千石より低い。

しかし、これら大大名が中将なのに、御三家は大納言、中納言という官位を授けられている。

御三家の屋敷も広く、赤坂に移転させられた紀伊家は、いまの迎賓館《げいひんかん》の場所に十三万坪（約四十二万九千平方メートル）、尾張はいまの防衛省の場所に四万九千坪（約十六万二千平方メートル）、水戸は現在の国特別史跡・特別名勝「小石川後楽園《こうらくえん》」一帯で九万九千坪（約三十二万七千平方メートル）だった。

御三家だけで、それまでにくらべて約三倍近い屋敷地を得たが、いま、その地にある施設などを考えてみると、いかに広大だったかわかるだろう。

その後、中屋敷や下屋敷を増やしていく。

紀伊家の例では、赤坂の上屋敷のほか、中屋敷（現在の清水谷公園など）が二万五千坪（約八万三千平方メートル）、下屋敷の渋谷邸三万坪（約九万九千平方メートル）を設けた。

御三家の屋敷は、面積が広くなっただけでなく、それだけ江戸の町が膨張することに一役買ったといってよい。

江戸上屋敷

外堀内縁に権勢を競った大名たち

大火で移転した大名の屋敷

大名は江戸に上屋敷、中屋敷、下屋敷などをもっていた。上屋敷は当主や夫人、子どもが住む本邸だが、事務所の役割もあるから、公邸として使える殿舎や江戸詰家臣のための住居なども敷地内に建てられていた。

中屋敷は隠居した先代や、先代の未亡人、あるいは継嗣（世継ぎ）の住居として使われた。下屋敷は別荘の役割を果たした。また、参勤交代の行列が何千人にもおよぶ大名は上屋敷の長屋だけでは間に合わず、長屋だけで構成される屋敷を用意していた。国許《くにもと》から船で運んだ物資を保管する蔵屋敷を隅田川畔につくった例もある。

江戸初期には、諸大名の上屋敷は江戸城の周辺に、下屋敷は市街地の外側に、中屋敷がある場合は市街地のなかにというように敷地が割り当てられていた。

江戸の町の六割を焼いた明暦の大火後、江戸城に隣接する大名屋敷が取り払われ、延焼防止を目的とする火除け地が造られた。それに伴い、中屋敷はそのほとんどが外堀の内縁に沿った地域に移転し、下屋敷は江戸湾の港口や河岸《かし》、あるいは四谷、駒込、下谷、本所などの郊外に配された。

◆約七千三百坪の上屋敷の構造

たとえば、最大の大名とされる加賀の前田家（金沢市）の上屋敷は、当初、江戸城大手門前にあった。明暦の大火後は本郷にあった下屋敷を上屋敷（現在の東京大学）としたが、この敷地だけで十万二千坪もあった。そのほか、下屋敷は板橋の平尾（板橋区）に二十二万坪という広大さである。

現在の新宿御苑は、高遠藩《たかとお》（長野県）内藤家の下屋敷があったところだが、その広さは八万七千坪。明治神宮は彦根藩《ひこね》下屋敷のあったところで、これは十八万二千坪におよぶ。

萩《はぎ》（山口県）に本拠地があった長州藩《ちょうしゅう》毛利《もうり》家は、有力な外様《とざま》大名（関ヶ原合戦後、徳川氏に臣従《しんじゅう》した大名）であり、江戸城にもっとも近い位置に上屋敷をかまえていた。外桜田門の外側、現在の日比谷公園西側の官庁街のあたりである。

敷地の広さは東西五十五間、南北百三十三間で約七千三百坪。すなわち約二万四

外桜田の大名屋敷　『江戸図屛風』より

(国立歴史民俗博物館蔵)

上杉・毛利・伊達家の上屋敷

図の上から、上杉弾正、松平(毛利)長門守、松平(伊達)陸奥守の屋敷。伊達家の豪華な御成門と比べ、毛利家は飾りの少ない櫓門、御殿にも破風に金の飾りが少し見える程度である。

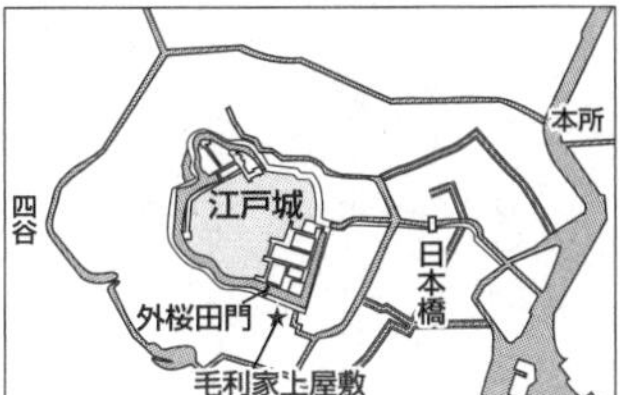

千平方メートルだ。『江戸図屏風』を見ると、外桜田に西から上杉家、毛利家、伊達家の上屋敷が並んでいる。伊達家には豪華な御成門があり、それに見とれている女たちの姿が描かれているが、それにくらべると、毛利家の上屋敷は地味なものだった。

それでも、北面中央に櫓《やぐら》門を設け、門を入ると、玄関、式台があり、その奥には御広間、御書院、御座の間などがつづく。広さは御広間の上段松梅の間が十五畳、さらに白菊の間三十六畳、芦《あし》に鶴鴨《かくおう》の間四十八畳、なよ竹の間三十六畳、桜の間四十二畳で、あわせると百七十七畳におよぶ。広くて立派な座敷だった。

これに台所・御料理の間が付属する。これだけで藩邸の北半分を占めるが、御蔵を境に、南には夫人（正室）や子どもが住む奥向《おくむき》の部屋が並ぶ。屋敷の外側には長屋をめぐらせ、藩士たちの住居になっていた。

大名屋敷の御成門は、それぞれ精密で華麗な彫刻で飾り、その優劣を競った。それというのも、大名屋敷にとって重要な行事は将軍の御成を迎えることだったからだ。通行中の女達が立ちどまって見るほど美しく、美術工芸の趣《おもむき》すらあった。大名のセンスと財力が問われる門だった。

毛利江戸上家敷平面図

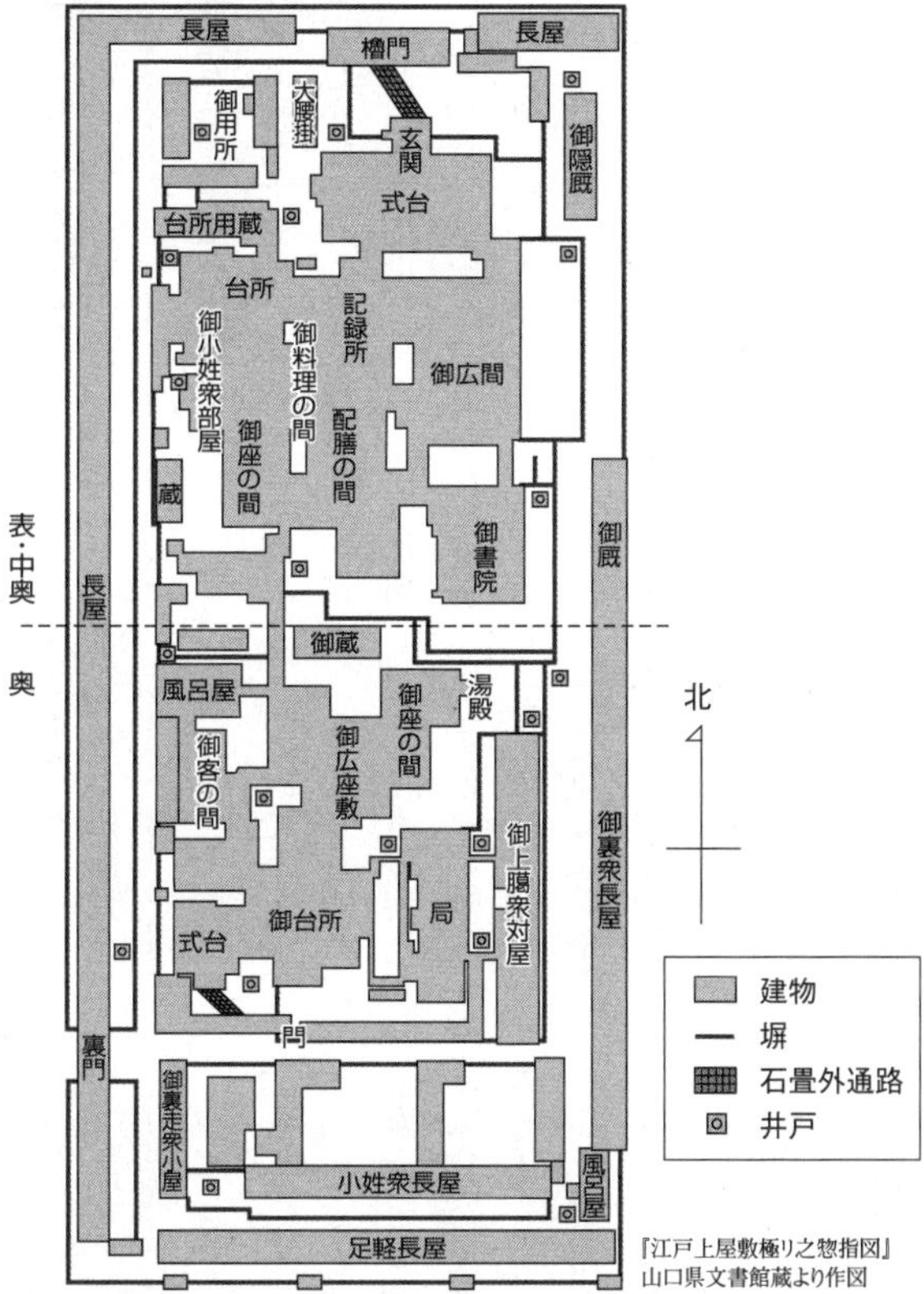

『江戸上屋敷極り之惣指図』
山口県文書館蔵より作図

上屋敷の御殿の構造は江戸城と似ている。対面の場である広間のある表、政務をする御座の間がある中奥、正室や子どもを住まわせる奥である。「大奥」という言葉は、江戸城にしか使われなかった。

大名屋敷表門

門がまえを見れば大名の家格が見えてくる

●複雑だった大名の家格

江戸時代の大名は、俗に「三百諸侯」といわれたが、幕府が成立したころは百八十三家しかなかった。元禄《げんろく》四年（一六九一）でも二百四十三家だし、幕末の慶応《けいおう》元年（一八六五）には二百六十六家に増えたというものの、三百には手がとどかない。

大名とは将軍直参《じきさん》で、知行《ちぎょう》一万石以上の者だが、各大名は妻子を江戸屋敷に住まわせ、幕府への人質としていた。さらに参勤交代といって、大名は領国に一年、江戸に一年住み、将軍の統帥下に入らなければならなかった。こうした事情もあって、大名達は江戸屋敷を設けたが、門がまえは家格や知行高によって、規模や形式が定められていた。

まず、大名屋敷の広さだが、知行高に応じた基準がある。元文《げんぶん》三年（一七三八）の定めでは、つぎのような基準だった。

一万〜二万石（二千五百坪）

二万～三万石（二千七百坪）
三万～四万石（三千五百坪）
四万～五万石（四千五百坪）
五万～六万石（五千坪）
六万～七万石（五千五百坪）
七万～八万石（六千坪）
八万～九万石（六千五百坪）
十万～十五万石（七千坪）

一万石から二万石の大名は、二千五百坪（約八千三百五十平方メートル）だが、二十五坪の家の百軒分だからすごい。むろん、これは一つの目安であって、実際にはもっと広大な大名屋敷もあった。

◯家格のシンボル江戸上屋敷の表門

江戸には約六百もの大名屋敷があったが、上屋敷の表門を見れば、どのくらいの知行をもつ大名か、すぐにわかった。

たとえば、五万石以下の大名は長屋門で、門扉は二間《けん》（約三・六メートル）以上の高さ。両開きで、両側にくぐり戸が設けられていた。長屋門というのは、長屋の一部に門を開いた構成になったものだ。つまり、大名屋敷のまわりは、家臣たちが住む長屋が取り囲んでいたのである。また、番所は門の片側にだけ設けた。

五万石以上、十万石までの大名も長屋も長屋門だが、番所は両側に設けた。ただし、屋根は片庇《かたびさし》だが、外に面した三方の下部は海鼠壁《なまこかべ》で、上部は物見窓《ものみまど》になっていた。十万石以上の大名は、同じような形式だが、番所の屋根は破風造《はふづくり》の立派なものだった。

将軍の娘が三位以上の大名家へ嫁《とつ》いだ場合、御守殿門《ごしゅでんもん》（奥方御殿の表門）を朱塗《しゅぬり》にし、金物は黒色とする。さらに左右に唐《から》破風造の両番所を設ける。

本郷にある東京大学（加賀藩前田家の上屋敷跡）の赤門は文政《ぶんせい》十年（一八二七）、前田斉泰《なりやす》が将軍家斉《いえなり》の娘、溶姫《ようひめ》を迎える時に建造したものだ。

現在の上野公園でも、江戸時代の表門を見ることができる。国立博物館正門西に鳥取藩池田《いけだ》家の上屋敷にあった表門が移築されており、重要文化財に指定されている。唐破風造の両番所があるなど重厚な造りだ。

大名屋敷の表門がまえ

五万石未満

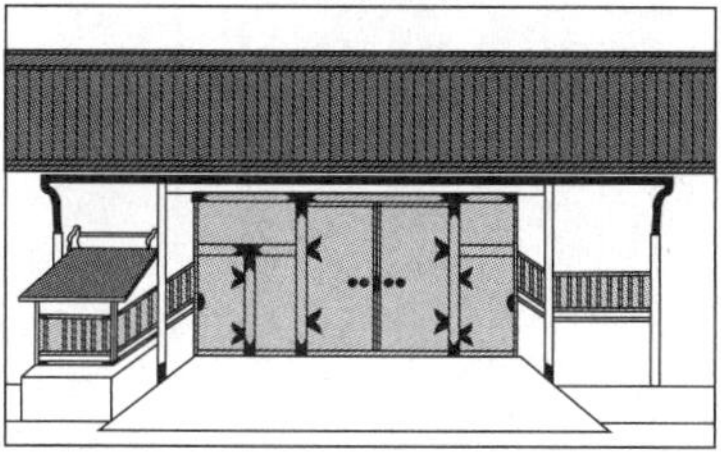

門両脇は出格子になっている。五万石前後の大名屋敷では、そのほか片側を庇屋根の番所、片側を出格子としていることもある。

五万石以上

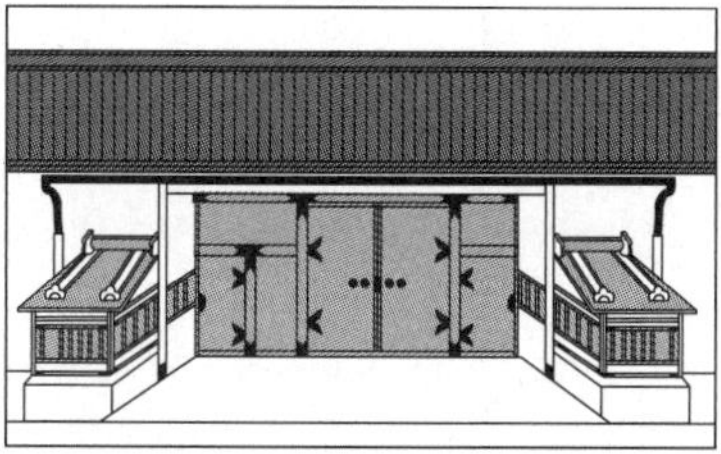

門両脇の番所は、庇屋根につくられている。松平肥後守、松平隠岐守ほか、御老中の屋敷などがこうした門をかまえていた。

十万石以上

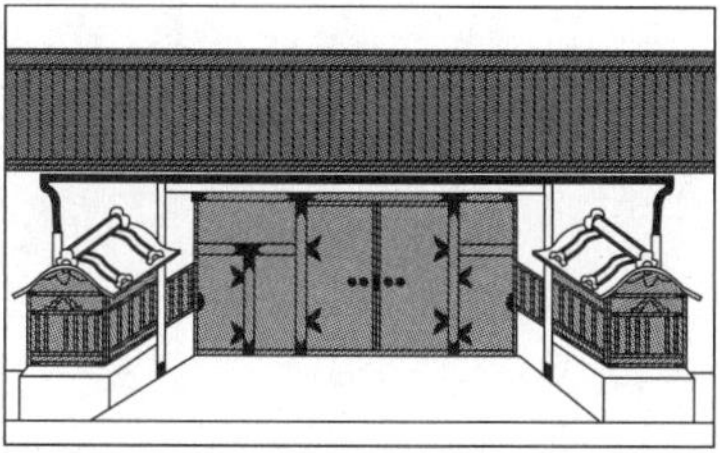

門両脇の番所は破風造りで立派である。十万石以上の外様大名などに見られる形で、国持大名となると、門が独立した形になる。

勤番長屋

勤番侍が住んだ江戸の単身赴任寮

せまくて窮屈な勤番長屋暮らし

諸藩の江戸屋敷に勤務する武士を「江戸勤番《きんばん》」とか、「勤番侍」というが、これには三種類の勤務形態があった。

参勤交代で江戸に到着したあとすぐに帰国する「立帰り」、藩主とともに一年間江戸で勤務する「江戸詰《づめ》」、役目がある間ずっと江戸藩邸に住む「定府《じょうふ》」である。留守居役のように江戸に常住する「定府」の場合、妻子を国許から呼び寄せて、藩邸内にあたえられた屋敷に住むことが多かった。

「立帰り」は長期出張のようなものだが、「江戸詰」は一年の単身赴任である。これらの侍は、江戸屋敷の敷地内に建てられた「勤番長屋」「御長屋」に住んだ。

一般的に勤番長屋は、二階建てだが、一階部分は石組みの上部に海鼠壁、二階部分は漆喰《しっくい》壁で塗られていて、ところどころに格子窓が設けられていた。

身分によって部屋の広さがちがうが、場合によっては庶民の裏長屋よりもせまい

勤番長屋の外観

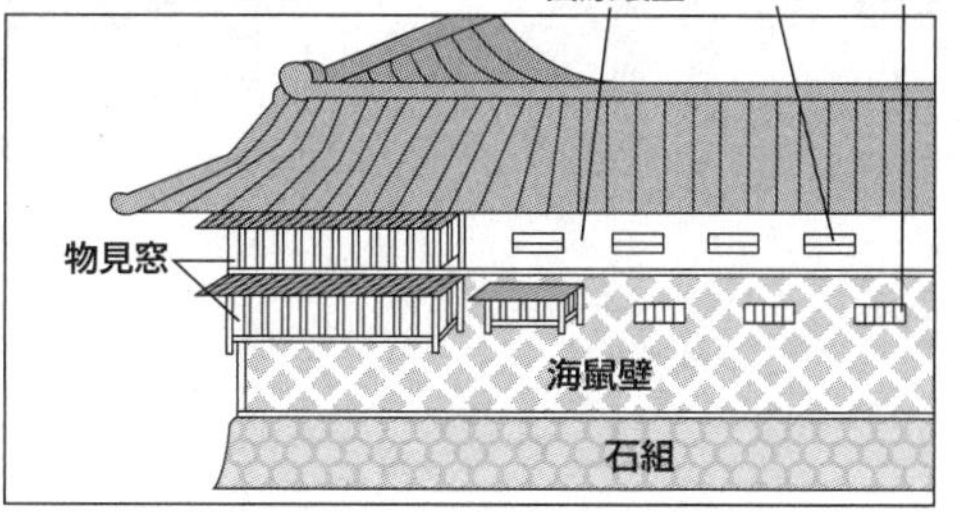

石組みの上に、海鼠壁、白漆喰壁でつくられ、塀のように屋敷の周囲を囲んでいる。物見窓は出格子になっている。表に面した二階長屋には御徒《おかち》、中や裏の長屋に足軽が暮らしていた。

部屋に住まなければならなかった。

雪隠《せっちん》（トイレ）は共同、へっつい（竈《かまど》）は部屋についている。しかし、裏長屋と同じように押入れなどの収納スペースはないので、江戸に着くと、まず、衣紋掛《えもんかけ》用の竹と煮炊き用の鍋などを買い求めた。

経済的な負担が多かった江戸勤番

武士とはいっても地方からいきなり都会に引っ張り出された青年たち。放っておいては大変とばかりに、各藩とも長屋生活の厳しい規則を設けた。紀伊藩の「御法度触《ごはっとぶれ》」「御長屋定《おながやさだめ》」は、つぎのようなものだった。

・藩士の外出は届け出の必要があり、かつ門限を設ける。

・御長屋内で賭事をしてはならない。
・火の元には注意せよ。
・独身部屋へ女性を入れてはいけない。
・御長屋内で音曲などの鳴りものをしてはいけない。
・勝手な造作をしてはならない。
・ゴミは庭に埋めたり、縁の下へ捨ててはいけない。
・勝手に窓を造作してはいけない。

まるで、男子学生寮か独身寮のような規則だが、これが守られていたのは享保《きょうほ》～宝暦《ほうれき》年間（一七一六～六三）ぐらいまでだという。

勤番には、藩の懐《ふところ》事情によってある程度は手当てが出ていた。

加賀藩では知行高（本俸）に応じて人馬の数を決め、その数に対し、一人一日米一升、馬を伴うものには馬一頭につき、一日三升を江戸の相場で銀に換算して支給した。

石高《こくだか》の低い藩では一日、一人米五合という例が多かったようだ。

支給される手当て以上に持出しが多く、江戸勤番は武士たちにとって経済的に大

足軽長屋の一例

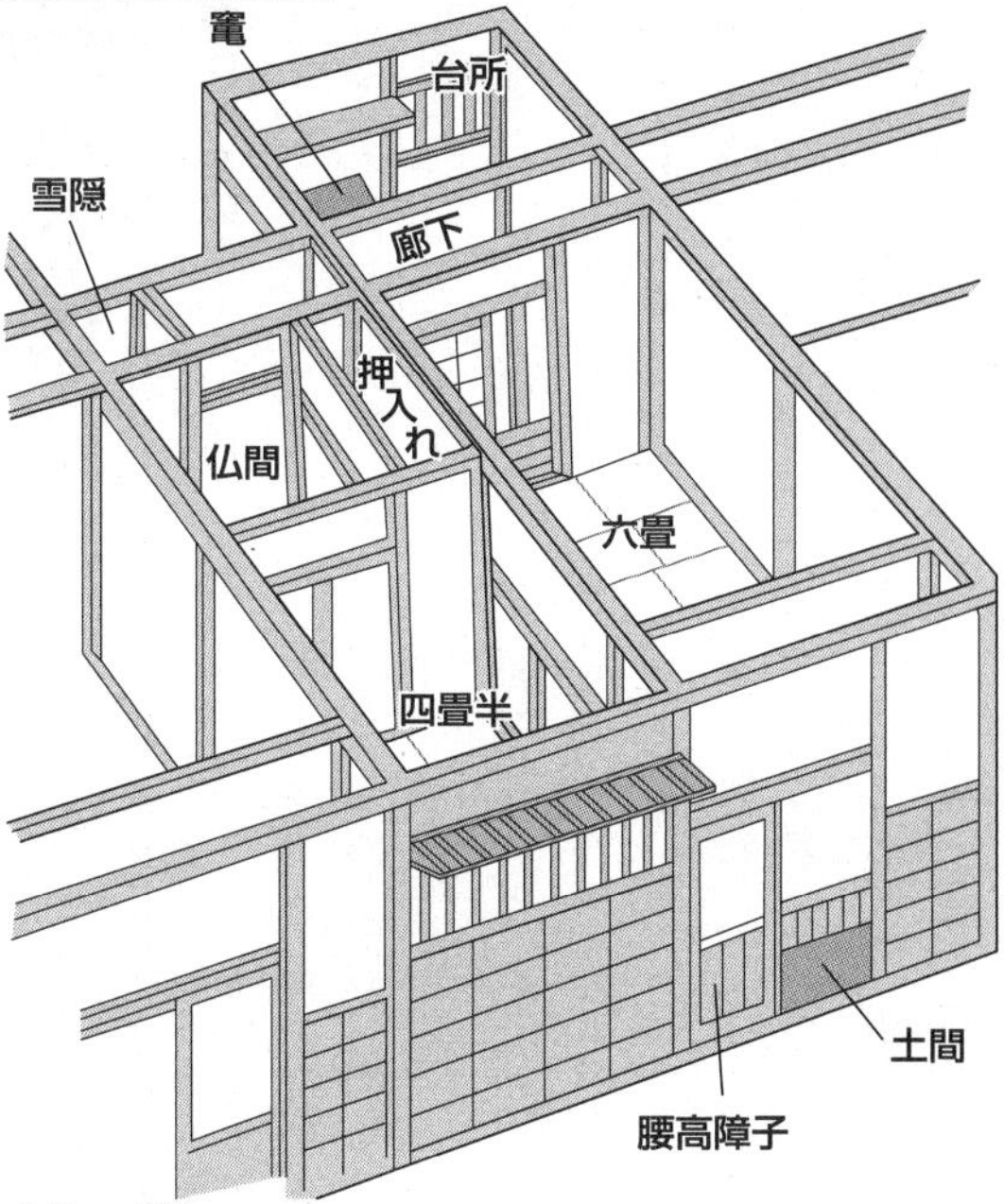
竈
台所
雪隠
廊下
押入れ
仏間
六畳
四畳半
土間
腰高障子

足軽《あしがる》長屋、中間《ちゅうげん》の暮らす中間部屋の大きさはまちまちで、六畳一間、収納スペースはなしという場合も多かった。なかには、竈《かまど》を置く台所もなく、食事は屋敷内に設けられた食事所で供されるという場合もあった。

きな負担だった。

屋敷内の空き地でつくった野菜を収穫し、国許の妻に漬物の作り方を問い合わせた手紙や、勤番の期間が伸び、やけ酒を飲み暴れている侍たちの絵なども残っている。

尾張藩下屋敷　江戸っ子の話題をさらった庭園「戸山荘」

●殿様たちのアミューズメントパーク

大名の下屋敷は、江戸の外周に設けた別邸で、趣向を凝らした庭園づくりにそれぞれ力をそそいだ。庭園の多くは、大きな池を中心に配して海に見立て、そのまわりに起伏に富んだ地形をつくって山、谷、平野とした。さらに歩道を設け、池のまわりを散策しながら歓談できる「社交の場」として活用した。現在残る柳沢吉保《やなぎさわよしやす》が造園した六義園《りくぎえん》（大和郡山藩《やまとこおりやま》下屋敷跡）、水戸徳川家の小石川後楽園などに、その面影を見ることができる。

財力のある大名たちは競ってさまざまな趣向をこらし、アミューズメントパークのような庭園をつくり出した。なかでも諸大名や江戸庶民のあいだで話題になったのが、尾張徳川家の下屋敷・戸山《とやま》屋敷の庭園「戸山荘」だった。場所は現在のＪＲ高田馬場駅から新大久保駅にかけての東部一帯で、その広さは総坪数十三万六千坪（東京ドーム二十七個分）という江戸最大のものだった。

戸山御屋敷（戸山荘）図

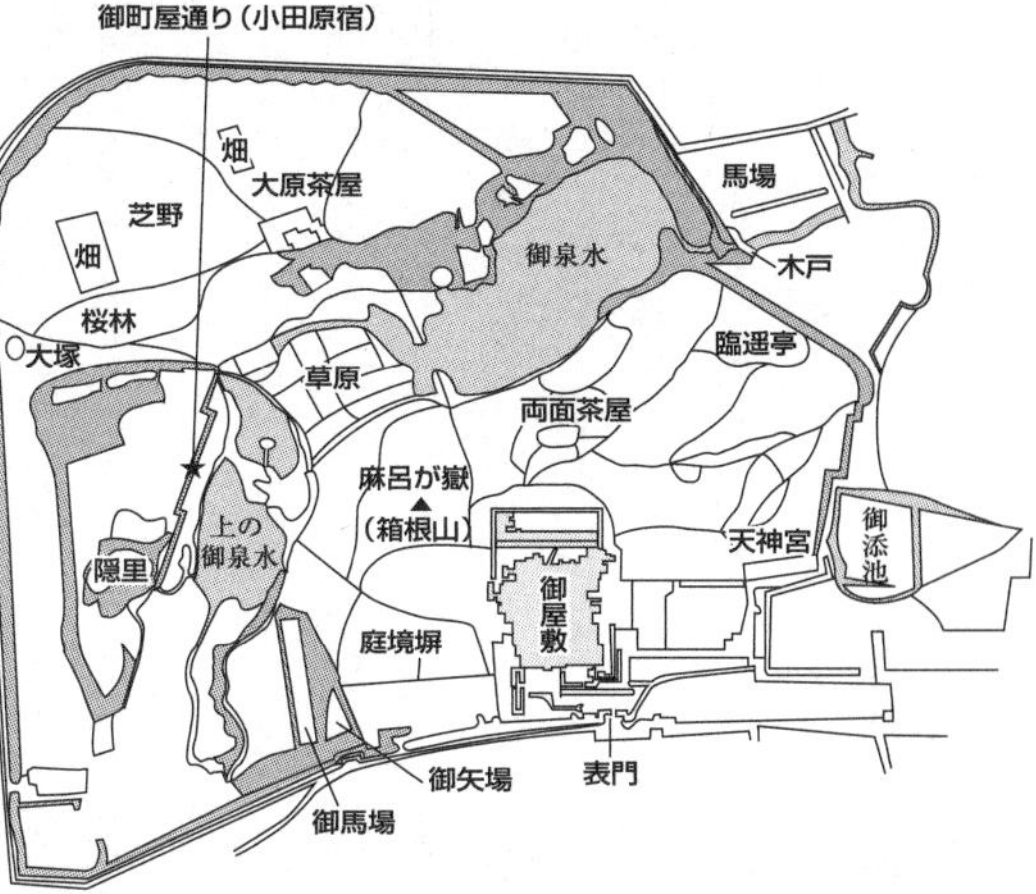
御町屋通り（小田原宿）
畑
大原茶屋
芝野
畑
桜林
大塚
草原
御泉水
馬場
木戸
臨遥亭
両面茶屋
麻呂が嶽
（箱根山）
上の御泉水
隠里
天神宮
御添池
御屋敷
庭境塀
御矢場
表門
御馬場

尾張藩下屋敷の敷地内につくられた庭園は、自然の景観も桁《けた》ちがいで、園内に標高四十四・六メートルの築山「箱根山《はこねやま》」を築いた。二つの大きな池を掘り、その土を盛り上げたのである。

園内には、さらに丘や渓流をつくったほか、大原と名づけた狐が棲むような草原、農家の点在する田園地帯、馬場や矢場など武術鍛練の場まで設けられていた。

宿場町のテーマパーク

戸山荘をとくに有名にしたのは、園内に約百四十メートルにわたって東海道の小田原の宿場町を再現した「小田原宿」だった。沿道には米屋、酒屋、薬屋、瀬戸物屋、本屋、絵屋、扇子屋、植木屋など商店や弓屋、矢師、鍛冶《かじ》屋といった職人の店、医師の家までがつくられていた。町屋の北入口には高札《こうさつ》が立ち、町内でのしきたりが書かれている。また、園内のみで通用する通貨までつくったというから手が込んでいた。将軍が御成《おなり》の際には、これらの店は暖簾《のれん》や看板をかかげ、さまざまな商品を並べた。将軍一行は庶民をまねて、買物や茶屋での休息を楽しんだ。

寛政《かんせい》五年（一七九三）三月二十三日の十一代将軍徳川家斉による「御通り抜け」が初の将軍来邸である。「御通り抜け」は将軍が庭先を通り抜ける意味だが、実際は将軍を屋敷に招く「御成」に相当するものだった。

将軍一行へのもてなしの見事さは、同行した幕臣《ばくしん》が記した『和田戸山御成記』や『戸山の春』という紀行文風の随行記によって、あっというまに江戸中に知れ渡った。

家斉はこの戸山荘をたいそう気に入り、「すべて天下の園池は当にこの荘をもって第一とすべし」とまでいい、知られるだけでも四回、この下屋敷を訪れている。

戸山荘は庶民のあいだで川柳の題材にもなり、「雲助《くもすけ》がいないがお庭に不足なり」「駒下駄《こまげた》で越すはお庭の箱根山」「五十三次日帰りの御遊覧」などと詠《よ》まれた。

御町屋通り（小田原宿）の一部

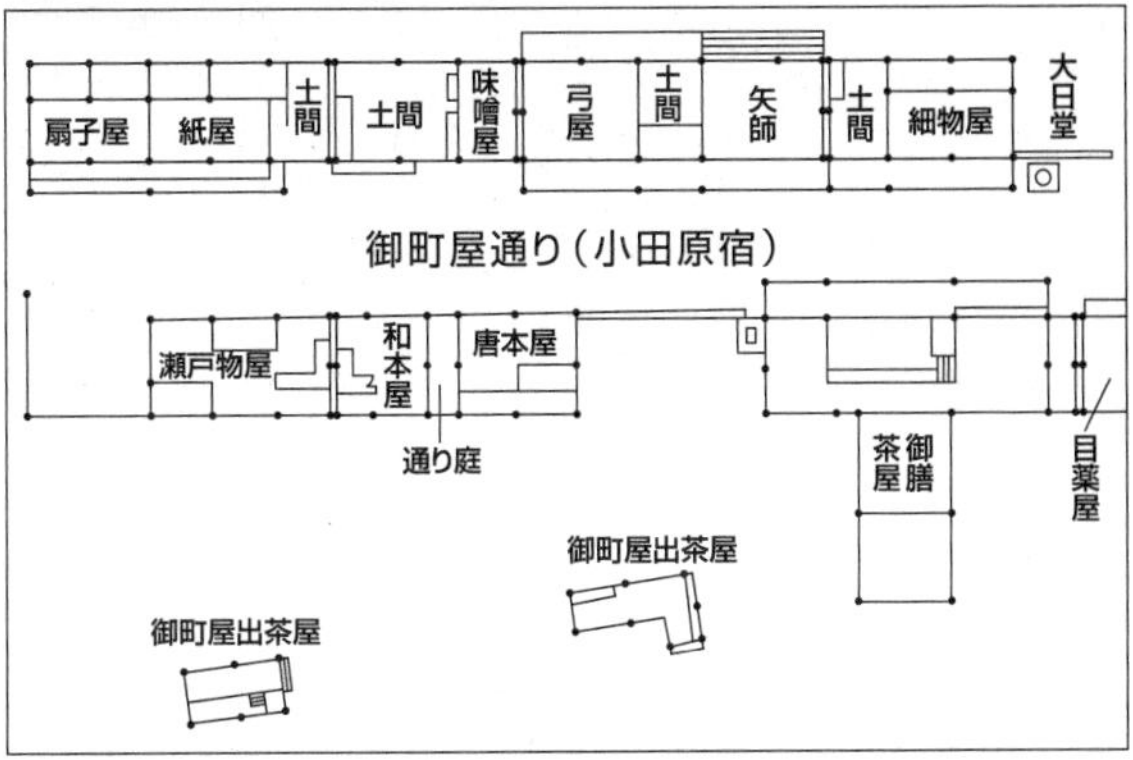

「御通り抜け」の際には、商店にはさまざまな品が並べられ、武士たちは買物を楽しんだ。茶屋では、実際に茶や団子を出してもてなした。

元旗本屋敷・吉良邸

赤穂浪士が討ち入りした屋敷

高家筆頭だった吉良上野介

元禄《げんろく》十四年（一七〇一）三月十四日、江戸城松の廊下で、赤穂《あこう》藩主浅野内匠頭《あさのたくみのかみ》が高家《こうけ》筆頭の吉良上野介《きらこうずけのすけ》に斬りつけた。浅野は即日切腹、赤穂藩は取りつぶしとなる。この一件につづく、旧赤穂藩の家臣による復讐劇は、のちに『忠臣蔵《ちゅうしんぐら》』として、歌舞伎や映画、テレビドラマなどで何度も取り上げられ、観客を感動させてきた。

吉良上野介は、幕府の儀式典礼を司る「高家」の最高責任者だったが、刃傷《にんじょう》事件を機に役職を辞任。当時、屋敷は呉服橋内にあったが、八月十九日、本所一ツ目回向院《えこういん》裏へと屋敷替えになった。

吉良家は禄高《ろくだか》こそ四千二百石と、さほど高くはないが、室町時代からの名家である。上野介の祖父義弥《よしみつ》以来、高家筆頭を世襲してきた。それだけに、屋敷も広い。

元禄十一年（一六九八）九月の大火は、明暦《めいれき》の大火につぐ猛火といわれるが、このとき、吉良邸は八十三の大名や二百二十五の旗本《はたもと》の屋敷とともに焼け落ちた。

本所回向院裏の吉良邸

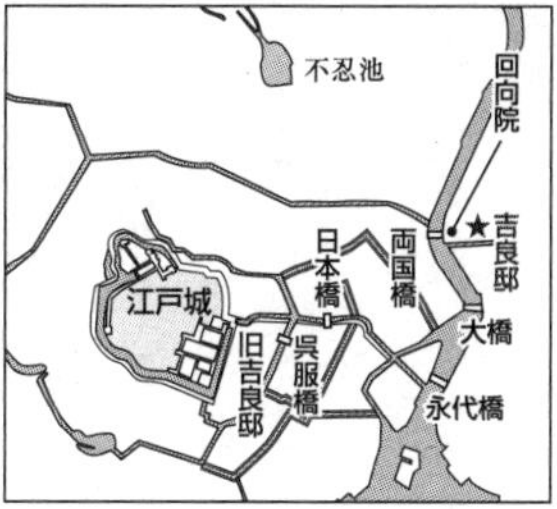

その後、吉良上野介は、呉服橋近くに替地を拝領。二千九百三十一坪（約九千六百平方メートル）の敷地に新邸を建造した。この費用八千両は、妻の実家である上杉家が大半を負担したという。一両十万円で換算すると、八億円ということになる。

吉良邸はどうなっていたのか

松の廊下の刃傷事件ののち、上野介は御役御免を願い出て、隅田川を渡った本所へ屋敷替えとなった。登城することもないから、江戸城の近くに住む必要がないためである。

当時、吉良邸の敷地は東西に七十三間七尺五寸（約百三十五メートル）、南北に三十四間二尺八寸（約六十三メートル）で二千五百五十坪（八千四百十五平方メートル）、母屋は建坪三百八十八坪、長屋が四百二十六坪、部屋の数は四十だった。

東西に長い敷地で、庭には池があった。もとは旗本松平登之助《まつだいらのぼりのすけ》の拝領屋敷だったが、空き家になっていた。このため、リフォームが必要だったが、このときも妻の実家上杉家から費用の支援があった。

吉良邸のまわりには旗本の屋敷が多い。表門のある東側は道路をはさんだ向かいに旗本牧野長門守《まきのながとのかみ》の拝領屋敷、北側には松平兵部大輔《ひょうぶだゆう》の家老・本多孫太郎《ほんだまごたろう》の屋敷と旗本土屋主税《つちやちから》の拝領屋敷が並んでいる。

南側は相生町《あいおいちょう》二丁目の通りに面し、裏門のある西側は通りをはさんで向かいに回向院が建っていた。

討入りは元禄十五年（一七〇二）十二月十四日の深夜に決行された。赤穂浪士四十七人は表門と裏門の二手に別れて、寝静まった邸内に押し入り、一時間ほどで屋敷を占拠。さらに一時間、邸内を探索したすえ、ようやく吉良を討ち取ることができた。

本所の吉良邸は、いま屋敷跡の一部が本所松坂町公園（墨田区両国三丁目）として整備され、吉良の首を洗ったという「首洗い井戸」が残っている。

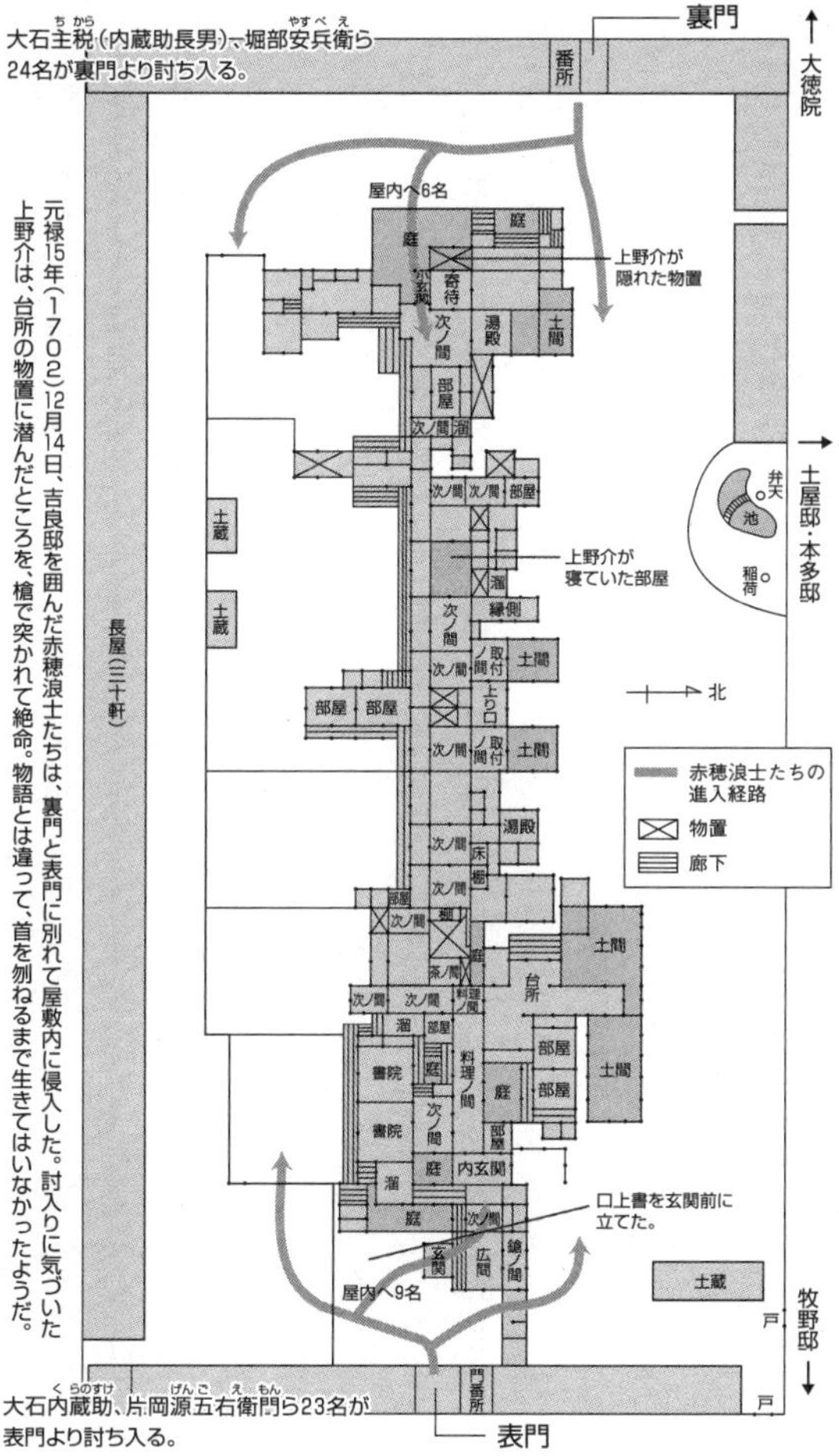
裏門
大石主税《ちから》(内蔵助長男)、堀部安兵衛《やすべえ》ら
24名が裏門より討ち入る。
番所
大徳院
屋内へ6名
庭
庭
小玄関
寄待
上野介が
隠れた物置
次ノ間
湯殿
土間
部屋
次ノ間
溜
次ノ間
次ノ間
部屋
土蔵
土蔵
上野介が
寝ていた部屋
溜
次ノ間
縁側
弁天
池
稲荷
土屋邸・本多邸
長屋(三十軒)
ノ間
取付
土間
次ノ間
上り口
部屋
部屋
北
ノ間
取付
土間
次ノ間
赤穂浪士たちの
進入経路
物置
廊下
湯殿
次ノ間
床棚
次ノ間
部屋
次ノ間
棚
土間
庭
茶ノ間
台所
次ノ間
次ノ間
料理ノ間
溜
部屋
部屋
土間
書院
庭
料理ノ間
庭
部屋
書院
次ノ間
部屋
庭
内玄関
溜
口上書を玄関前に
立てた。
庭
次ノ間
玄関
広間
鎗ノ間
土蔵
屋内へ9名
戸
牧野邸
門番所
戸
大石内蔵助《くらのすけ》、片岡源五《げんご》右衛門《えもん》ら23名が
表門より討ち入る。
表門

元禄15年(1702)12月14日、吉良邸を囲んだ赤穂浪士たちは、裏門と表門に別れて屋敷内に侵入した。討入りに気づいた上野介は、台所の物置に潜んだところを、槍で突かれて絶命。物語とは違って、首を刎ねるまで生きてはいなかったようだ。

北町奉行所

江戸の町を守る奉行所のなかとは

●相互監視のもとに厳しく成り立つ二つの奉行所

江戸の行政、司法、警察を担当する町奉行という役職がつくられたのは慶長《けいちょう》六年（一六〇一）ごろ。その後、寛永《かんえい》八年（一六三一）、奉行所という役所ができた。

南と北の二つの奉行所が置かれたが、一つの役目に複数制をとるのは、幕府の伝統的な政策である。権限が一人に偏《かたよ》らないようにすることと、相互監視を目的としていた。そのほか、中町奉行所が設けられた時代もあるし、奉行所の場所は何度か変遷があるのだが、江戸後期には北町奉行所は呉服橋門内（千代田区丸の内一丁目、グラントウキョウノースタワーあたり）、南奉行所は数寄屋橋《すきやばし》門内（千代田区有楽町二丁目、有楽町マリオンあたり）に固定した。

二つの奉行所は管轄を分けていたのではなく、ひと月交代で業務を行なっていた。月番の奉行所は門を開けて訴訟を受けつけ、非番の奉行所は門を閉じて、前月に受けつけた未決の訴訟の処理に当たっていた。非番があるとはいえ、実質的には年中

白洲取調べ

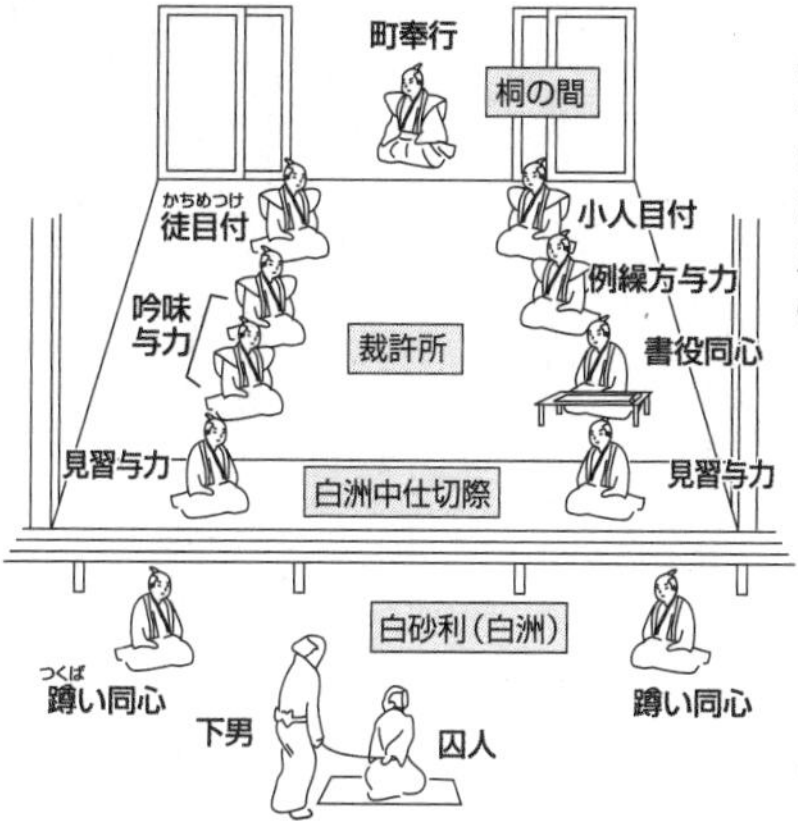
町奉行
桐の間
徒目付《かちめつけ》
小人目付
例繰方与力
吟味与力
裁許所
書役同心
見習与力
白洲中仕切際
見習与力
白砂利（白洲）
蹲《つくば》い同心
蹲い同心
下男
囚人

身分によって囚人の扱いも違った。足軽以下、平民は白洲に座らせるが、足軽は羽織袴を許された。平民は着流し、無宿者は浅黄《あさぎ》のお仕着せである。『江戸町奉行所事典』より作図

無休だった。月番の奉行は午前八時ごろ奉行所に出勤し、十時までに江戸城に登城して老中に伺書《うかがいしょ》など書類を提出して指示を仰ぎ、午後二時には奉行所に戻ってその日の訴訟の吟味と処理を執り行なう。また、裁きの立ち会い、小伝馬町牢屋敷や小石川養生所、江戸町役人の支配など雑務も多く、体力的にもかなりハードな職務だった。

町奉行所はどのようなところか

南町奉行所は二千二百六十六坪（約八千六百七十平方メートル）の広さがあり、表門は国持大名級の立派の造りで、格式が高い向唐破風《むかいからはふ》屋根付きの両

番所を備えたものだった。

北町奉行所は二千五百六十坪と南に比べてやや狭かったが、黒渋塗《くろしぶぬ》りの下見板張り長屋門を備えていた。町奉行の石高は三千石だったが、門を立派なものにしたのは民政上の威光を示すためだった。時代劇では「北町奉行所」という大看板が出ているが、実際にはない。門を入って右側は、官舎や中間部屋など関係者のエリアである。中央は玄関から奥へ向かうにつれ、奉行の御用部屋、祐筆《ゆうひつ》部屋、奉行の役宅となっている。

表門を入って左側に白洲《しらす》の入口がある。建物としては詮議所、吟味《ぎんみ》所、裁許所、内詮議所などが並ぶ。裁許所の縁側に面しているのが白洲である。ドラマではここでお奉行が大見得《おおみえ》を切り、「獄門《ごくもん》、打ち首、これにて一件落着！」とやっているが、実際にはこれは無理だった。遠島《えんとう》以下の軽い刑、追放、敲《たたき》、などは白洲で奉行みずからが宣告をしたが、打ち首以上の死刑は検使与力《よりき》を牢屋に派遣して宣告をさせ、即日死刑を執行させることになっていたのだ。奉行の下には与力五十騎、同心《どうしん》二百人（のち二百八十人）が配置されていた。与力は一代限りの職であるが、実質は譜《ふ》代《だい》大名のような世襲制になっており、捜査のエキスパートでもあった。

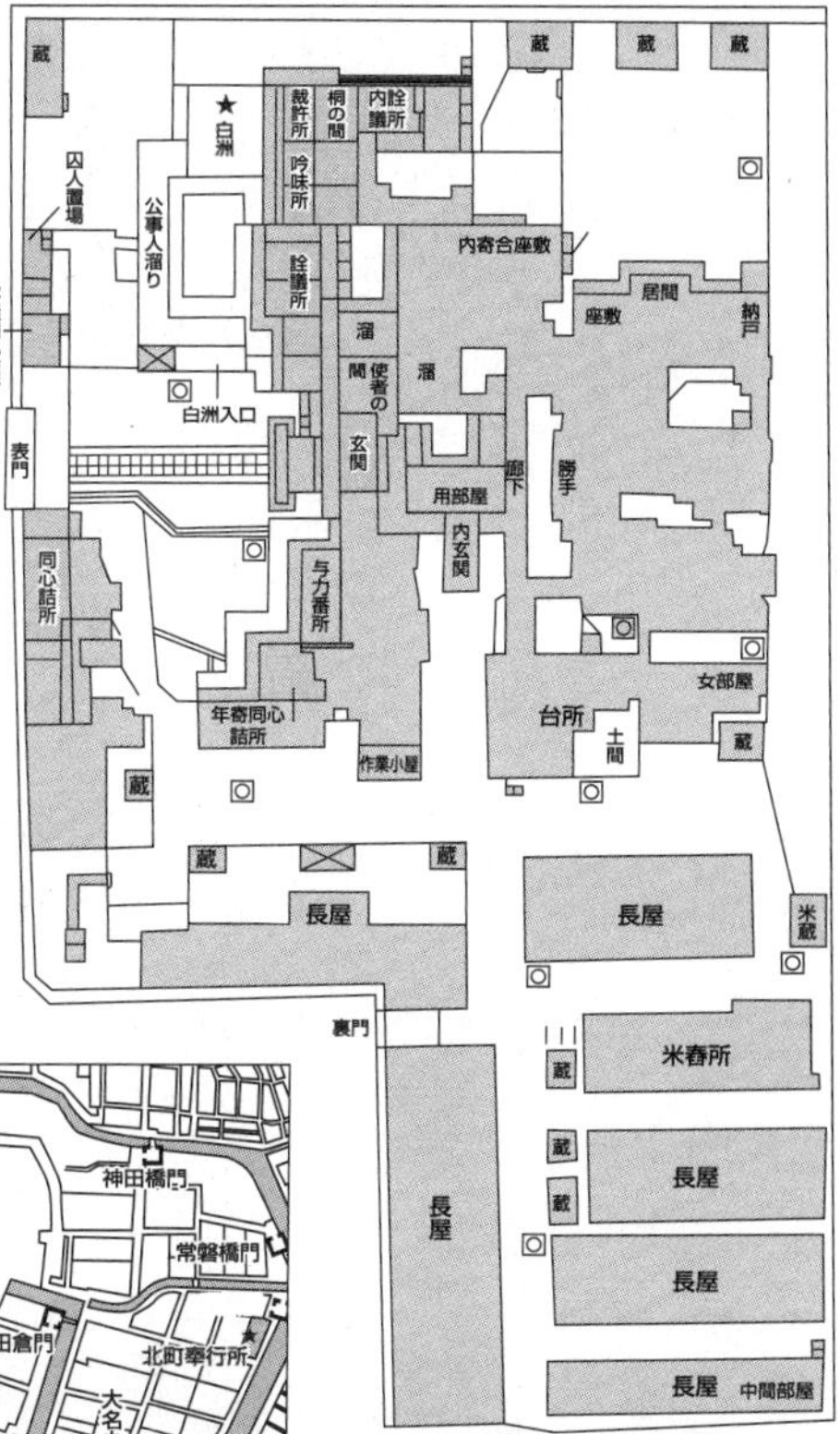

北町奉行所の平面図

表門は長屋門で両側は同心の詰所となっており、ドラマで見るような看板はかかっていない。朝の六つから夕の六つまで開けられた。

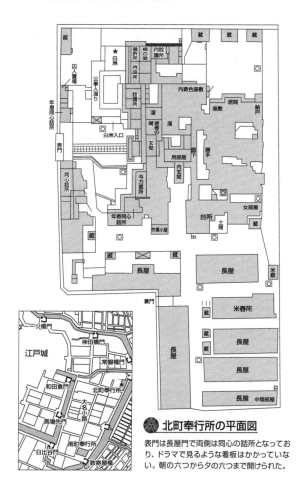

小伝馬町牢屋敷

二重三重に囲まれた牢獄

容疑者を拘置するための牢獄

江戸時代の牢獄《ろうごく》は牢屋敷といわれていた。当初、常盤橋《ときわばし》外に設けられたが、慶長年間（一五九六～一六一四）に小伝馬町《こでんまちょう》（中央区日本橋小伝馬町）に移された。

江戸の刑罰は「死罪」と「追放罪」であり、いまのような「懲役刑」や「禁固刑」はない。だから牢屋は、いまの刑務所ではなく、拘置所の役目を果たすものだった。

小伝馬町の牢屋敷は、幕府の牢屋のなかで最大のもので、二千六百七十七坪（約八千八百四十平方メートル）もあり、表間口五十二間二尺

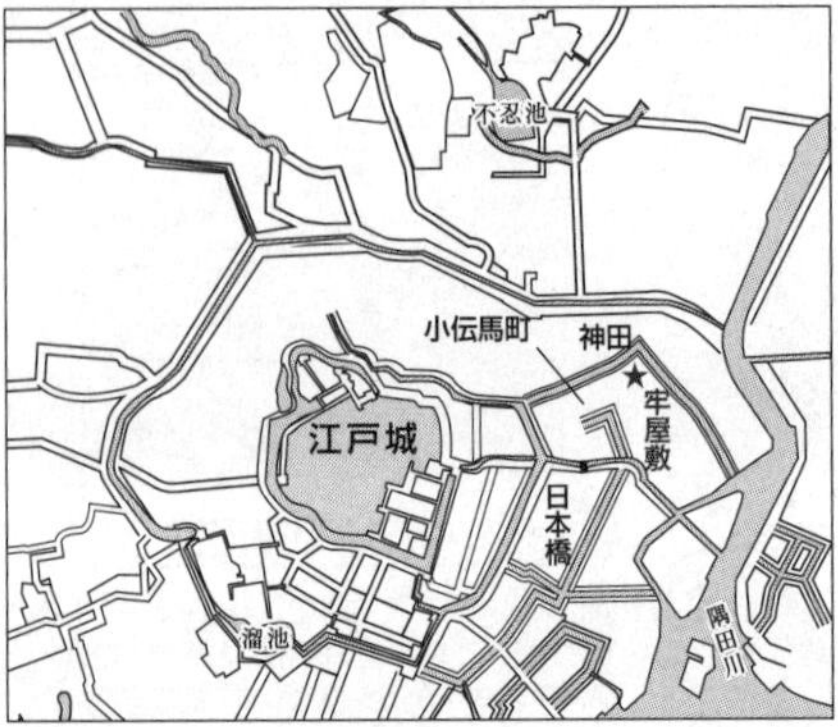

牢屋敷の平面図

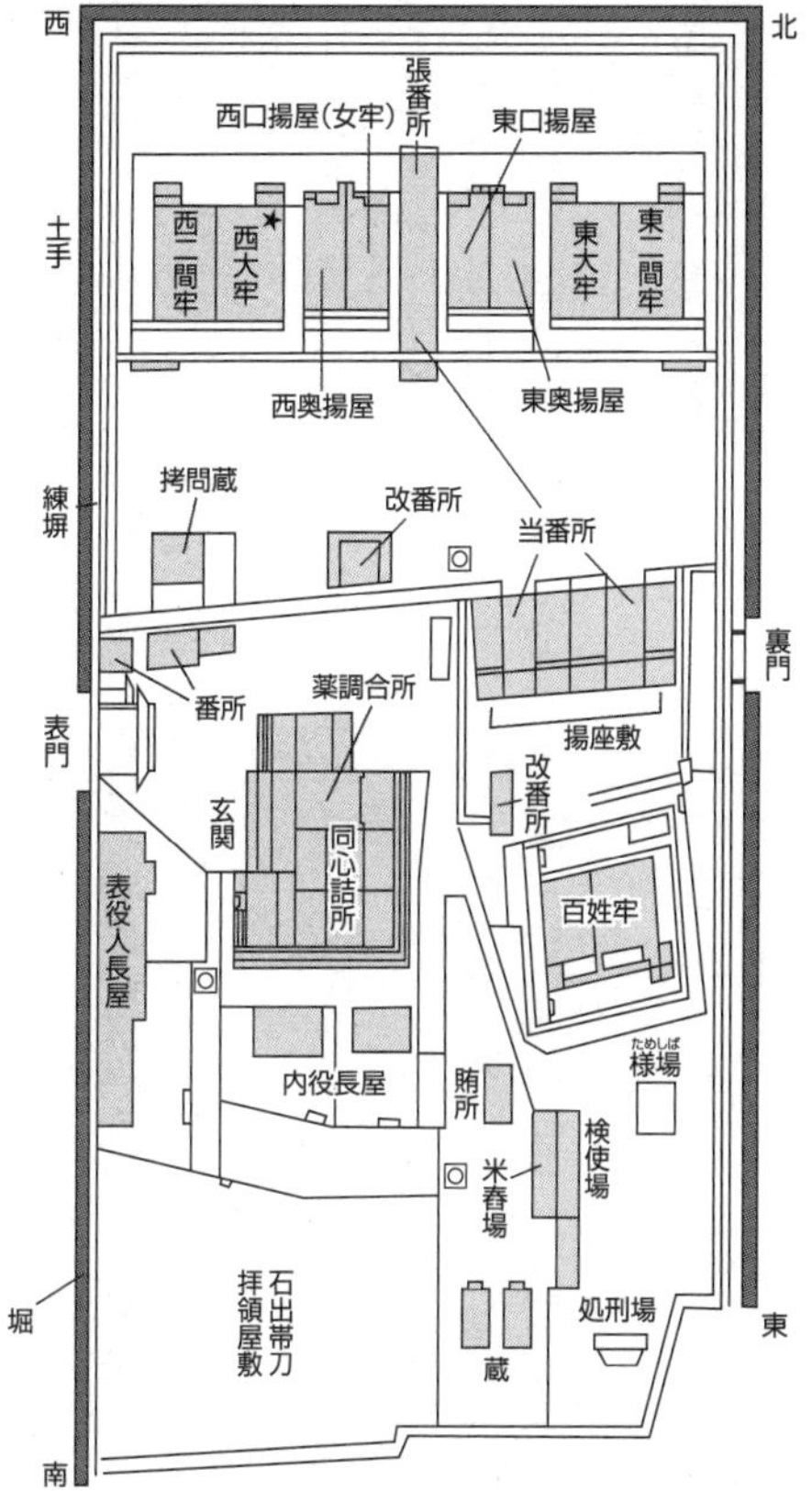

四方を土手、練塀、堀に囲まれている。図右上の「様場」とは試し斬り場のことである。牢屋奉行は代々、石出《いしで》帯刀《たてわき》と名乗って世襲した。その屋敷については伝わっていない。

余、奥行五十間で三方を土手で囲んである。さらに周囲は高さ七尺八寸（約二・三四メートル）の練塀《ねりべい》で囲まれ、外側には幅六尺（約一・八メートル）、深さ七尺（約二・一メートル）の堀が設けられていた。

御目見《おめみえ》以上の武士、身分のある僧侶や神官などを収容するのは、揚座敷《あがりざしき》と呼ばれる牢で、東西の牢にそれぞれ広さ七畳のものが二つあった。畳は備後表《びんごおもて》で、庶民の軽罪囚が付人として給仕した。

御目見以下の直参《じきさん》、陪臣《ばいしん》、僧侶などは揚屋《あがりや》という牢で、広さ十五畳と十八畳の二つがあり、琉球《りゅうきゅう》畳が敷かれていた。

無宿者を入れるのは二間牢という二十四畳ほどの牢、庶民を入れる大牢は三十畳で、それぞれに一間に半間の雪隠《せっちん》（トイレ）、二間に一間の落間《おちま》（土間）があった。

◯牢屋敷を仕切る人びと

牢屋敷は町奉行の支配下にあるが、実際に管理をしていたのは、牢屋奉行（正式には囚獄《しゅうごく》）で、石出帯刀《いしでたてわき》と名のり代々世襲した。三百石十人扶持《ぶち》で、牢屋敷内の拝領屋敷に居住していた。

大牢の楼内役人座席

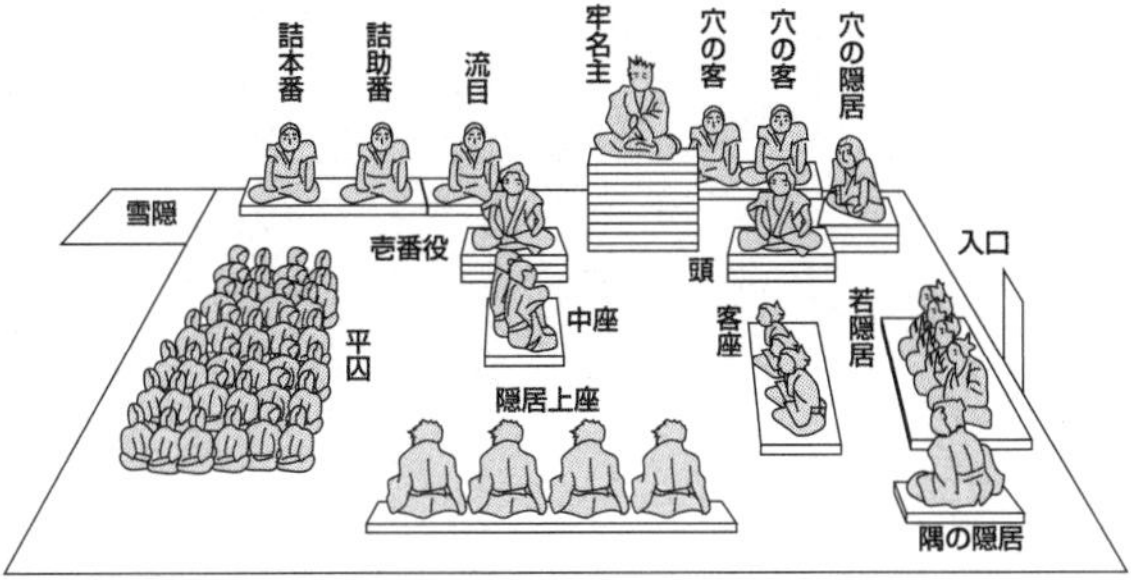

『江戸町奉行所事典』より作図

囚人たちのなかに、牢役人をつくって、牢内をおさめさせた。雪隠へ行くことをツメといったので、雪隠のそばにいる隠居を詰番と称した。雪隠のほか、水樽、糠味噌漬けの樽なども置かれていて、牢内の環境が悪く、病気になる者も多かった。

牢屋同心は当初、四十人だったのが、年代が進むごとに増加して、幕末には五十八人になっている。同心は鍵を預かる鍵役、拷問や敲（笞《むち》で打って解放する刑）の際に囚人を打つ打役、回数を数える数役《かずやく》など仕事を分担していた。

東西大牢や二間牢では囚人のなかから十二人を牢内役人として選び、牢内の取締まりをさせていた。

このシステムは文政《ぶんせい》年間（一八一八～二九）に始まったという。牢名主を筆頭に名主代理をつとめる名主添役、戸前に陣取って囚人の出入りをチェックする角役、新入に牢法（新入法度《はっと》）をいい聞かす弐番役、以下衣類の管理、食物の運搬、食器洗いなど、細かく役割が分担されていた。

牢名主は見張畳といって畳を十枚重ねた上に生活している。牢役の上位のものほど牢内での所有スペースが広く、平囚は畳一畳に六人〜十二人、幕末の混乱期には十八人も詰められたという。

現金を「ツル」といったが、これをもっていれば牢内での扱いが変わる。まさに地獄の沙汰《さた》も金次第だった。吉田松陰《よしだしょういん》は入牢時に、一文ももっていなかった。しかし、友人に手紙を書き、金を送ってもらったため、牢内での待遇がよくなり、添役に出世したという。

四章

商家の見取り図と江戸の商い

大店の店がまえ

呉服の大店、駿河町三井呉服店

●現金掛値なしで成功した呉服店

日常の飲食などは別にして、江戸時代の買物は掛け売り方式だった。「掛け」というのは、あとで精算する約束でする売買のこと。買物をするたびに帳面に記録を残し、盆前と暮れの年二回、まとめて支払うのである。売掛金の回収時期ともなると、たいへんな手間がかかるし、支払う方も金額が大きくなってたいへんだった。

この売掛をやめて、「現金掛値なし」の商法で大当たりをしたのが呉服の「越後《えちご》屋《や》」だった。売掛では現金になるのが遅いから、その期間の手数料を代金に上乗せする。現金売りではその必要がないから代金を安く抑えることができる。これが評判を呼んだ。

伊勢松坂《いせまつさか》の商人三井高利《みついたかとし》が駿河町《するがちょう》（日本橋室町一～三丁目）に開いた江戸店で、天和《てんな》三年（一六八三）の開店当初、二十六人だった使用人が享保《きょうほ》十八年（一七三三）には二百二十五人に増えたという急成長ぶり。このときの店の間口《まぐち》は三十五間《けん》（約

駿河町三井呉服店　『江戸名所図会』より

遠景に見える山は誇張して描かれた富士山である。その下、やや左寄りに呉服橋の文字も見える。道の両脇に同じ暖簾、「呉服物品々」と書かれた同じ看板を掲げた店が並ぶ。駿河町のほとんどを三井呉服店が占めていた。

六十三メートル)。しかも通りをはさんだ向かい側に綿店をかまえ、こちらは間口が二十間(約三十六メートル)だった。

『江戸名所図会《ずえ》』にも「駿河町三井呉服店」と題する絵がのっている。本瓦葺《ほんかわらぶ》きのしっかりした土蔵造りの建物が連なっているが、外側は分厚い土壁の漆喰《しっくい》仕上げ。駿河町のほとんどは、この三井呉服店が占めていたほどだった。

◯店員数も建坪も桁ちがいの巨大店舗

三井呉服店の本店は、建坪が七百坪(約三千三百十平方メートル)という巨大な店だった。一階の売り場は広く、帳場だけでも本店一番から十番、東一番から十四番まであった。そのほか、勘定場や織物方、注文方などの会所《かいしょ》(事務所)があり、店の後ろには庭があり、客用の便所がいくつも設けられていた。

店員も多いから、そのための米や味噌、薪《まき》などを入れた蔵が二つもあった。大所帯をまかなう台所には内井戸、湯殿があり、大竃《おおかまど》が並んでいた。

表二階には客用の大部屋が六つ、支配人部屋など。裏二階には用談部屋などのほか、気分が悪くなった客のための休息する部屋もあった。なお、床下には大きな穴

大店の店内の様子

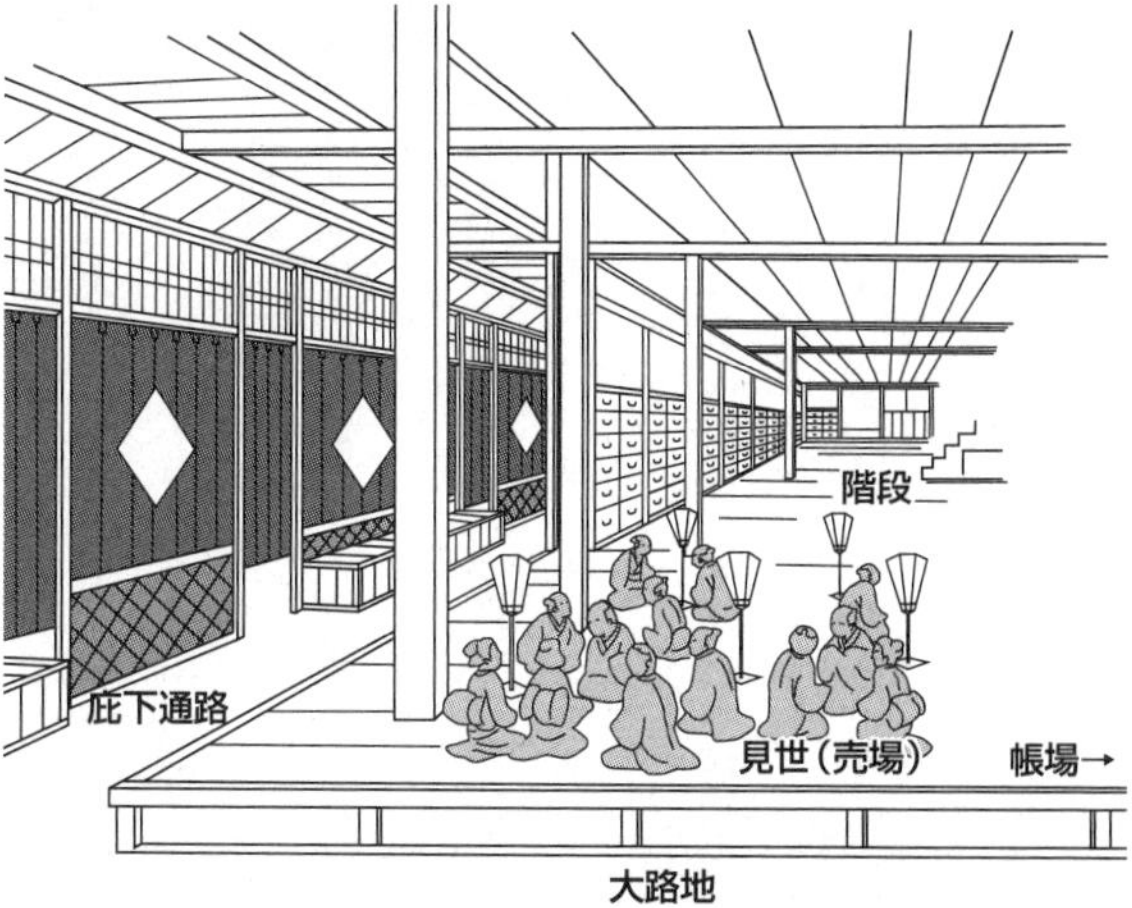

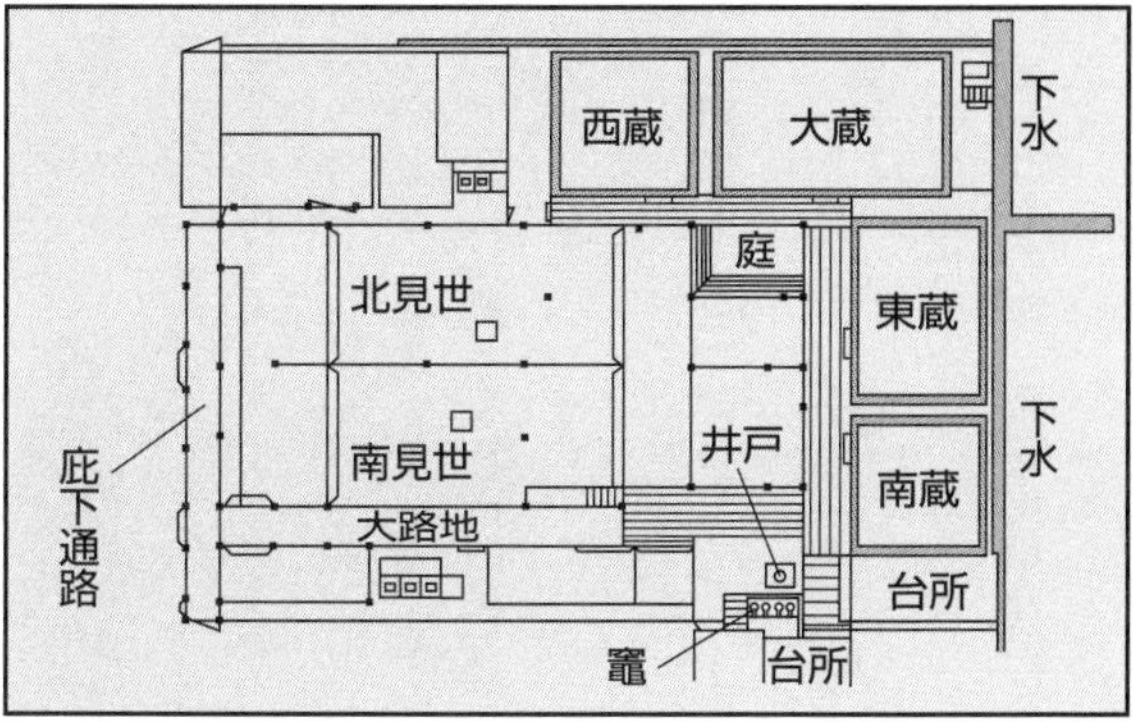

三井呉服店の店内図より。

蔵があり、火災のときには反物《たんもの》を運び込む。

美しい着物を扱い、細やかなサービスに徹底していても、上方《かみがた》商人の江戸店は完璧な男所帯で、バリバリの体育会系の世界である。江戸の店を仕切っているのは、子ども時代から上方の本店に奉公していた「番頭」と呼ばれるマネージャーだった。呉服店など商家の奉公人は、出世して江戸店のマネージャーを目指すか、暖簾《のれん》分けをしてもらい、開業独立することをめざすかのいずれかである。それができなければ、裏通りで小店《こみせ》を出すしかない。店に住み込みで懸命に働き、経済的にも仕事でも安定して、結婚を考えられるようになるのは四十五歳から五十歳ぐらい。生涯独身で終わる者が多かったようだ。

念のためにつけ加えておくと、三井越後屋は『江戸名所図会』のほか、歌川広重《うたがわひろしげ》の『名所江戸百景』にも描かれている。

ほかにも大店《おおだな》は、大伝馬町三丁目の大丸、日本橋通り一丁目の白木屋《しらきや》、下谷広小路《したやひろこうじ》の松坂屋があった。しかし、両方に描かれているのは越後屋だけ。日本橋地区は江戸の商業の中心地だが、越後屋は別格だった。まぎれもなく、越後屋は江戸随一の大店であり、江戸の名所だった。

小店の店がまえ

暮らしの必需品を扱う店

生活に密着した家族経営の商売

日常生活に必要な商品を扱っていたのは小店だが、一般的には間口が一間（約一・八メートル）か、二間（約三・六メートル）くらいの広さしかなかった。町割の通りに面しているので「表店《おもてだな》」というが、これを「表長屋」ともいう。表通りの長屋という意味で、一棟を区切って数軒が同居するという形式になっているからだ。

なお、通りの裏の長屋は「裏店《うらだな》」というが、店といってもこちらは商いをする店ではない。庶民が住む集合住宅である。

このような店では一階の土間部分で商いをするが、奥に居間があり、二階が寝室になっているのが普通だった。小店では家族経営が一般的で、あとは通いの手伝いがいればいいほうだった。

青物市場や魚市場が近い町では、八百屋や魚屋などの小店があった。八百屋には近郊でとれた季節の野菜が並べられるほか、辛子《からし》、黄粉《きなこ》、麦焦《むぎこ》がし（大麦を煎《い》って挽《ひ》いた粉）なども売られていた。

食器は木製か陶器だが、瀬戸物を扱う小店も多かった。陶器も現在より多様に使われていたので、種類も多い。

酒の燗《かん》をする陶製のちろりや醤油さしに使われる片口、大小さまざまな鉢や皿なども並べられていた。

通りの木戸番小屋も小店になっているところが多く、焼き芋、草鞋《わらじ》、駄菓子などが売られていた。

通りに面した便利な場所には、辻駕籠屋《つじかごや》が店を開いていた。町人が乗る四つ手駕籠やあんぽつ駕籠を土間に置き、商店の丁稚《でっち》が呼びにくると、出かけていく。いまのタクシー営業所のようなものだった。

◯手仕事を売る店

大店などとちがうところは、細かい手仕事でつくった商品を売ったり、職人がいて、店先で仕事をする店が多かったこと。女性が化粧に使う紅《べに》を専門に売る紅屋、白粉《おしろい》、この時代独特の髪形に必要な「かもじ」や「かつら」を専門に売っている店

表通りに面した小店（表店）

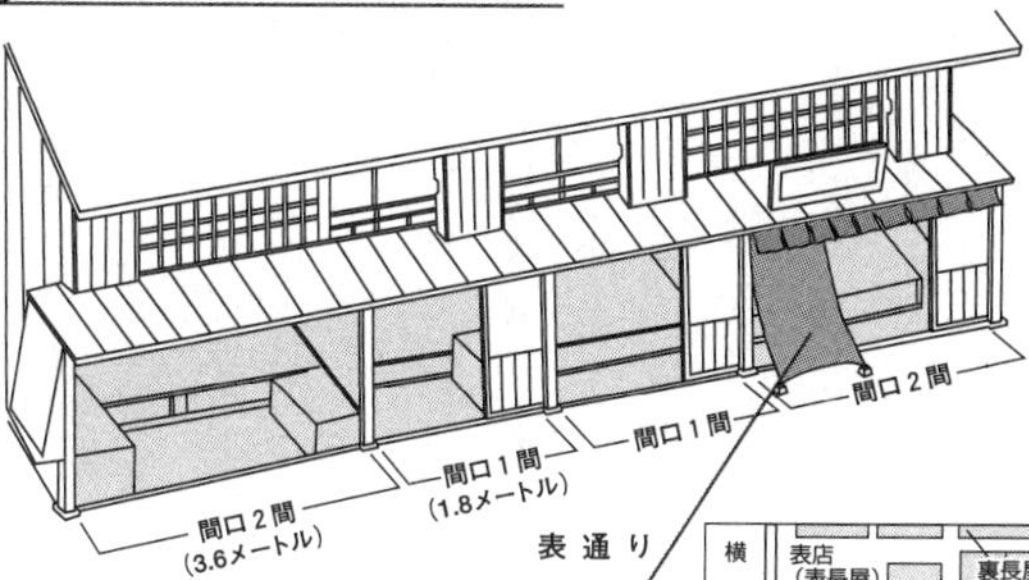
間口２間
(3.6メートル)
間口１間
(1.8メートル)
間口１間
間口２間
表　通　り

暖簾《のれん》に店の屋号や商標を入れ、看板として使うようになったのは寛永《かんえい》年間（1624～43）から。もっぱら木綿製で紺地に白抜きが多かった。

横町
表店
（表長屋）
裏長屋
露地木戸
自身番
表通り
火の用心
井戸
木戸
上水

表店の一例「八百屋」

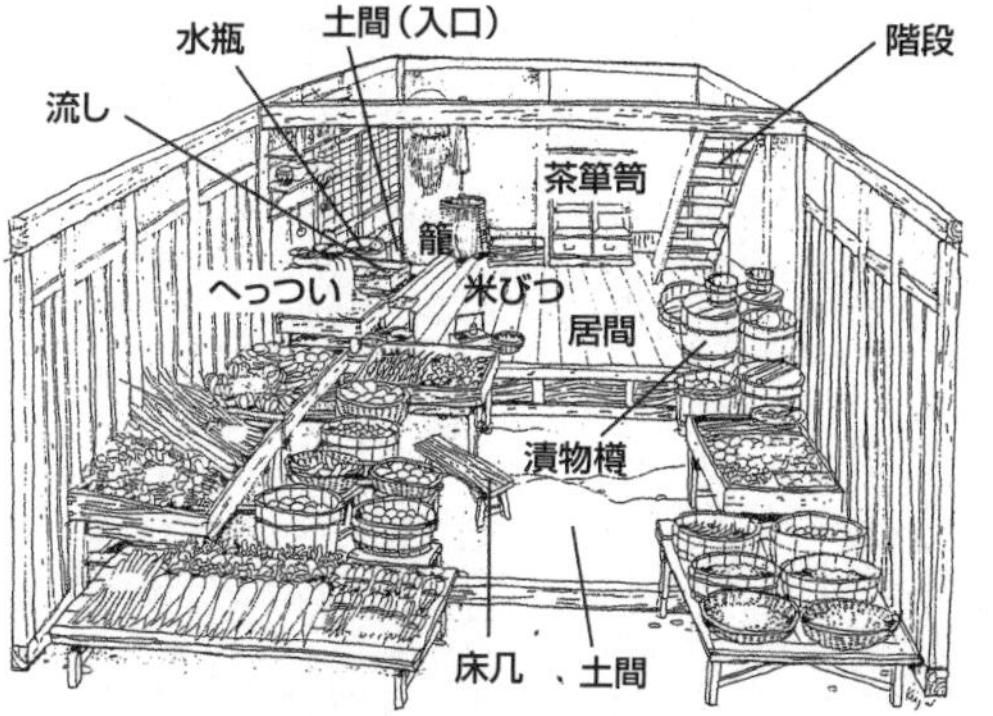
水瓶
土間（入口）
階段
流し
茶箪笥
籠
へっつい
米びつ
居間
漬物樽
床几
、土間

表長屋の店は、八百屋や魚屋、瀬戸物屋や足袋、手拭など、生活に必要なものを扱っていた。上の図の八百屋でも、一階の半分を商品の陳列に使っている。青物、根菜、豆類のほか、漬物もあるようだ。その奥が居間、右手の階段を上がると寝室である。

（江東区深川江戸資料館の資料より）

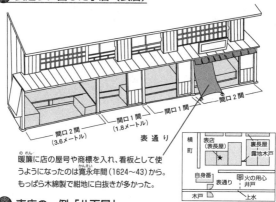

もあった。

「かもじ」は「添え髪」ともいう。落髪や切った髪を集めて端を固く結ったもので、髪を結うときに長さを補うために使った。

かつらは、いまでいうところのヘアピース、ウイッグだが、昔から髪形に気を使うのが都会人の風習だったようで、おもしろい。

古着屋も多かったが、江戸庶民の日常着は、ほとんどが古着だから大いに繁昌した。ほかに半襟《はんえり》と手拭《てぬぐい》を専門に売る小店、足袋《たび》をつくって売る店などがあった。足袋は、昔は紐《ひも》を結んで履いたが、元禄《げんろく》年間（一六八八～一七〇三）に、いまのようにコハゼで留めるようになった。

眼鏡屋もこの時代から存在していて、『商人買物独案内』というショッピングガイドには「御眼鏡所硝子細工《がらすざいく》品々」「万玉《ばんぎょく》細工所」とあり、眼鏡だけでなく硝子の小さな細工もしていたようだ。

当時の眼鏡はツルを耳にかけるのではなく、鼻を眼鏡の脚で挟むようにして使われていた。なかには真中から二つに折れる物もあり、職人の器用さがうかがわれる。

刻んだ煙草の葉をブレンドして量り売りする煙草屋も間口がせまい店だった。

江戸前の魚市場

江戸の台所、日本橋魚市の賑わい

江戸人の胃袋を満たした魚河岸

日本橋から江戸橋のあいだ、いまの日本橋室町一丁目、日本橋本町一丁目付近に魚河岸《うおがし》があった。現在の豊洲市場にくらべるとおどろくほどせまいのだが、この地域が百万江戸庶民に魚を供給していた。『江戸名所図会』に「日本橋魚市」の絵があり、その繁昌ぶりが伝わってくる。

魚河岸は家康《いえやす》の命を受けて摂津《せっつ》国西成郡佃《つくだ》村（大坂市西淀区佃）から呼び寄せられた名主の森孫右衛門《もりまごえもん》が、三十三人の漁師を引き連れて江戸に下ったことからはじまる。隅田川河口の佃島に住んで漁を行ない、捕った魚を将軍家に献上。それでも魚があまるので、これを売りはじめた。やがて魚を売買する商人が出てきて、魚河岸になっていった。

江戸の人口が急増するにつれて、魚河岸も発展し、一日に千両の金が動くほどになる。河岸には夜明け前から褌《ふんどし》・腹掛《はらがけ》姿で走り回る漁師や魚商、買い付けに来た振売《ふりう》りの魚屋や料理茶屋の職人などで賑わった。

幕府は、江戸城の役人が増え、城内での消費量も多くなったことから会所《かいしょ》を設け、魚問屋から魚を買い上げるようにした。

魚を幕府に買い上げてもらうのは、名誉なことだが、値段が安く、半年払いだったから、問屋の負担が大きい。そのうえ、不漁のときでも大量の魚を用意しておく必要があった。このため、大きな損失が出ることもある。そこで文化《ぶんか》年間（一八〇四〜一七）には、売上金の一部を積み立てて、幕府の買い上げ値段があまりにも安いときにはその差額を補償する制度ができた。

初鰹は江戸っ子の心意気

魚市場では、まず問屋が買い、それを仲買いに売った。仲買いはその魚を小売商人に売るが、小売商人のなかには小店をもち、店前で売るほか、棒手振《ぼてふり》と呼ばれる行商人が多かった。彼らは天秤棒《てんびんぼう》を背にかけ、浅い桶《おけ》や籠《かご》に魚を入れて売り歩く。

五月になると、江戸名物の初鰹《はつがつお》を売りにくる。「女房を質に入れても初鰹」という川柳《せんりゅう》があったが、江戸庶民は金がないのに、初鰹を食べようとした。いきがよ

日本橋魚市　『江戸名所図会』より

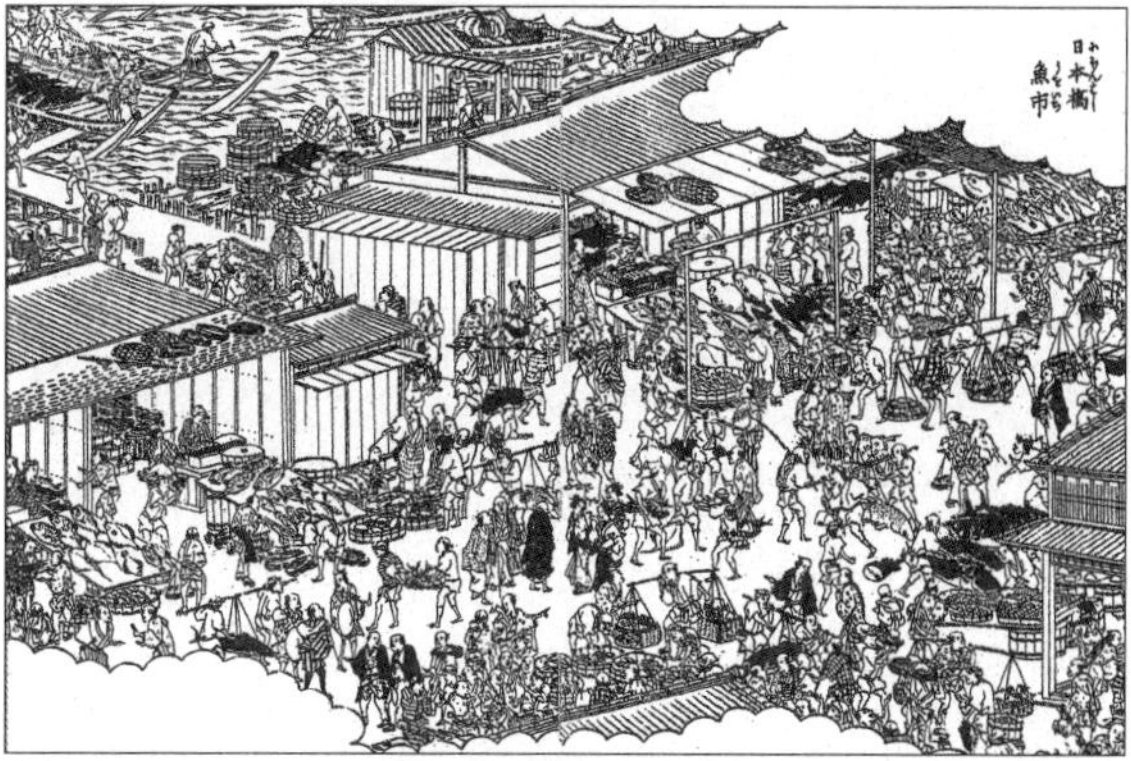

左上の河岸では、捕れたばかりの魚を荷下ろししている。店先にはさまざまな種類の江戸前の魚が並び、道には天秤棒をかついだ棒手振や買物客があふれ、魚市の喧騒や賑やかさが聞こえてきそうな絵である。

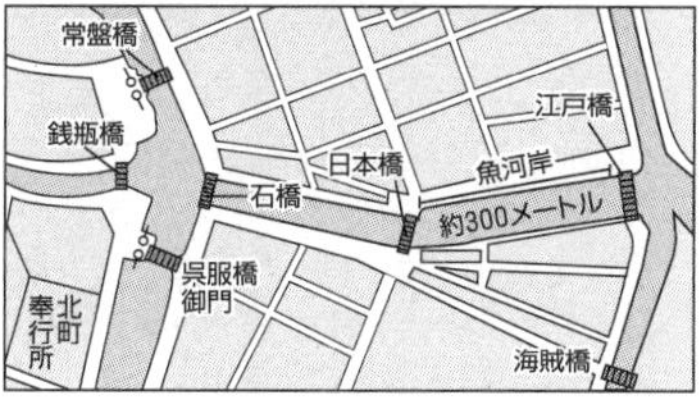

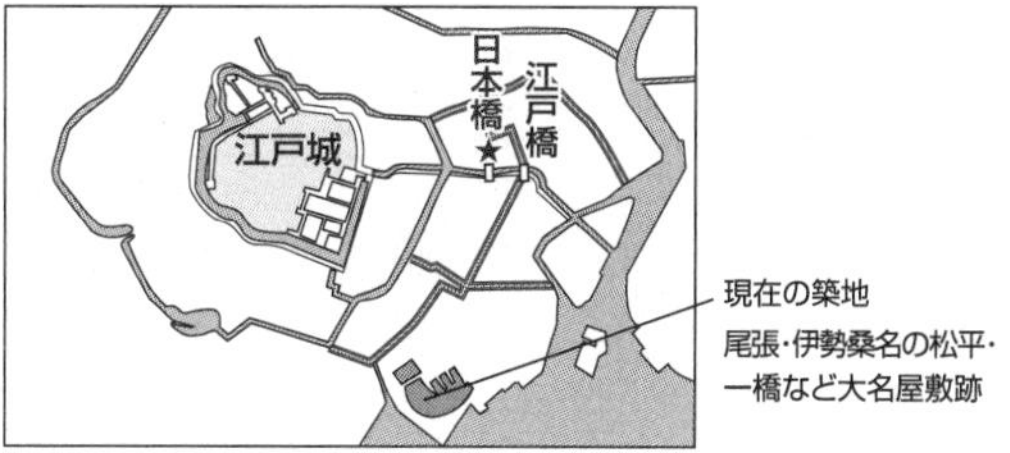

初鰹売り

腹掛に着物を端折り、鉢巻きと威勢がいい。後ろの桶には俎板《まないた》や包丁を入れ、客の注文に応じてその場でさばく。初鰹の値段は2〜3両（約2〜30万円）もした。
『守貞漫稿』より作図

魚売りの荷

左図では、桶を直接縄で吊っているように描かれているが、江戸の魚売りの荷は以下のようなものだった。縄などで編んだもっこの上に、半台という浅い桶を置き、そのなかに魚や包丁などを入れてかついだ。

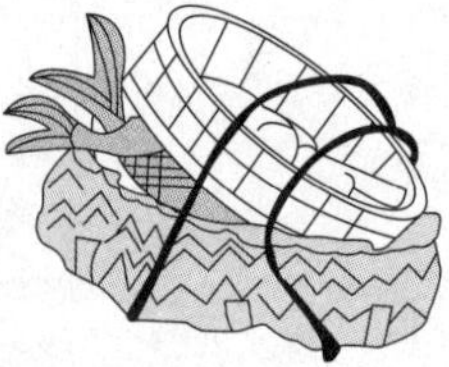

いのが身上だから、売るほうも衣服の後ろを端《は》折《しょ》り、走るようにして売った。初鰹フィーバーは異常な盛り上がりを見せ、「今年の初鰹は全部買い占める」といい出す豪商が現われたり、初鰹が入荷する日は橋の上から一晩中見張っている見物客まで出る騒ぎとなった。

幕府に買い叩かれるのを惜しんで、初鰹を隠す漁師もいたが、あまりの過熱ぶりに奢侈《しゃし》禁止令の一環として初物売買禁止令が出されたほど。

魚売りは、ただ魚を売っていればよい、というものではない。ときには客の注文に応じて、さばく必要があった。式亭三馬《しきていさんば》の『四十八癖』に出てくる棒手振の魚屋は、一尾の鯛を刺身と塩焼き、さらに串を刺して田楽《でんがく》、粗《あら》の潮煮《うしおに》をつくった。

薬種店

庶民にも買える手ごろな売薬店

●病気は自分で治すもの

庶民が住む江戸の市街地は、人びとが密集していたため、病気の発生率も高かった。それだけに、幕府に仕える奥医師をはじめ、町医者までさまざまな医者がいた。もっとも、江戸時代には、薬の知識さえあればだれでも医師になることができた。いまのような資格試験はないし、莫大なお金がかかることもない。それだけに藪《やぶ》医者もいたし、多額の診察料を取る医者も少なくなかった。

そこで庶民は売薬や鍼灸《しんきゅう》治療に頼った。売薬は店で売られていたほか、行商も多かった。また、風邪薬や膏薬《こうやく》（貼り薬）などは、そば屋や銭湯でも売っていた。値段は十六文（四百円）から二十四文（六百円）程度だから、裏長屋に暮らす庶民にも買うことができた。

家庭の常備薬や旅の道中薬として人気があったのは「和中散《わちゅうさん》」という粉薬。食あたりやめまいなどに効くとされたが、『江戸名所図会』にも大森にあった店の様子が描かれている。

　東海道に面した店だから客が多く、間口も広い。店員が愛想のいい顔で客の注文を聞いているし、奥ではすでに薬研《やげん》（薬種を粉砕する器具）で薬を調合中。別の店員がお盆に四つの茶碗をのせ、奥から出てくる。

奥には薬種を保管しておく部屋があるのだろう。店員が多いから住居部分も広いにちがいない。むろん、主人一家の住まいは別棟で、門がまえの塀をめぐらせた立派なものだ。

　薬種とは薬の材料で、主に「生薬《きぐすり》」をいう。生薬というのは薬草をまだ刻まず、調合もしていない漢方薬で、これを扱う店も多く、「薬種店」とか「薬種屋」と称した。利益は大きく、薬種店の株（営業権）は千両（約一億円）だったという。

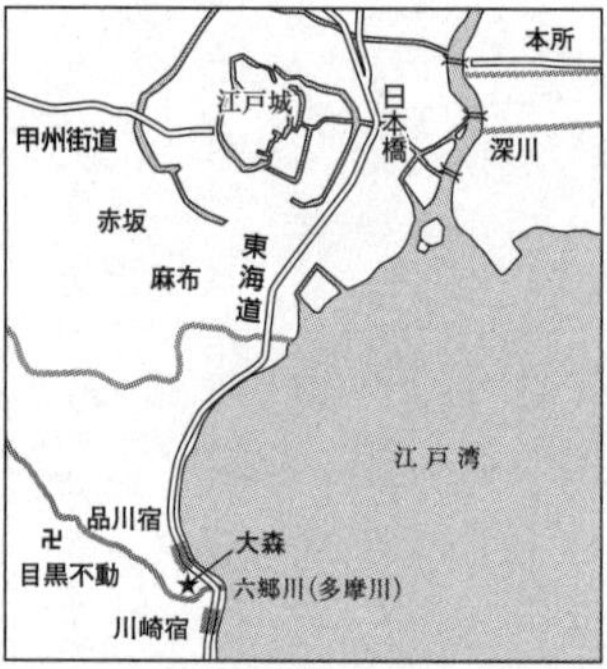
本所
江戸城
日本橋
甲州街道
深川
赤坂
東海道
麻布
江戸湾
品川宿
大森
目黒不動
六郷川(多摩川)
川崎宿

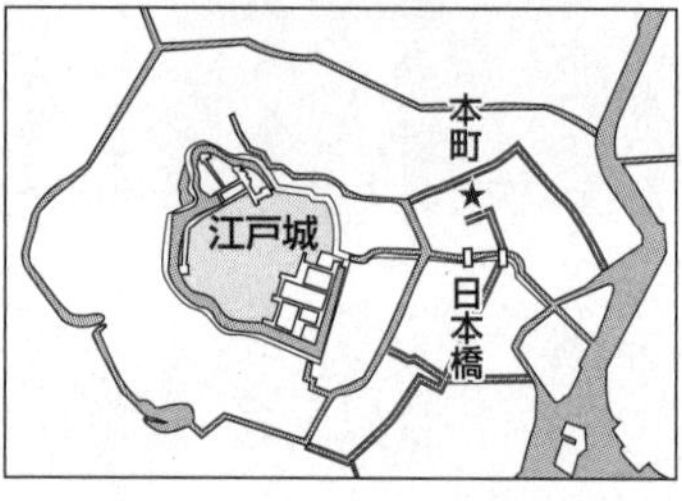
本町
江戸城
日本橋

大森和中散　『江戸名所図会』より

本町薬種店　『江戸名所図会』より

◯江戸で流行した万病に効く薬

『江戸名所図会』の「本町薬種店」という絵に描かれているのは「鰯屋《いわしや》」という有名な薬種店で、多くの客で賑わっていた。番頭が算盤《そろばん》を手に、町医者らしい男と商談をしている。

もともとは堺の網元《あみもと》だが、新開地の江戸へやってきて、薬種を扱うようになった。屋号はむかしを偲《しの》んで鰯屋としたらしい。元禄《げんろく》年間（一六八八〜一七〇三）には輸入薬品を扱ったり、外科の器具など医療器具の製造も行なっていた。

十返舎一九《じっぺんしゃいっく》の『東海道中膝栗毛《とうかいどうちゅうひざくりげ》』によると、弥次《やじ》、喜多《きた》が持参していたのは「反魂丹《はんごんたん》」と「錦袋円《きんたいえん》」という売薬。反魂丹は腹痛や心痛、小児病、気付《きつけ》に効く薬だが、錦袋円は痛み止めの丸薬で、万病に効くと評判が高かった。

文政《ぶんせい》年間（一八一八〜二九）に出版された買物ガイドブック『江戸買物独案内』には二百八十一もの薬（化粧品と艾《もぐさ》を除く）が掲載されている。当時の薬はいずれも漢方であり、ひとつでいくつもの効能をもっているのが当たり前。二百八十一種の薬の中で「万病によし」とされているものが五十二種もあり、万能薬に人気が集まっていた。

街道筋にあった店の間取り図例

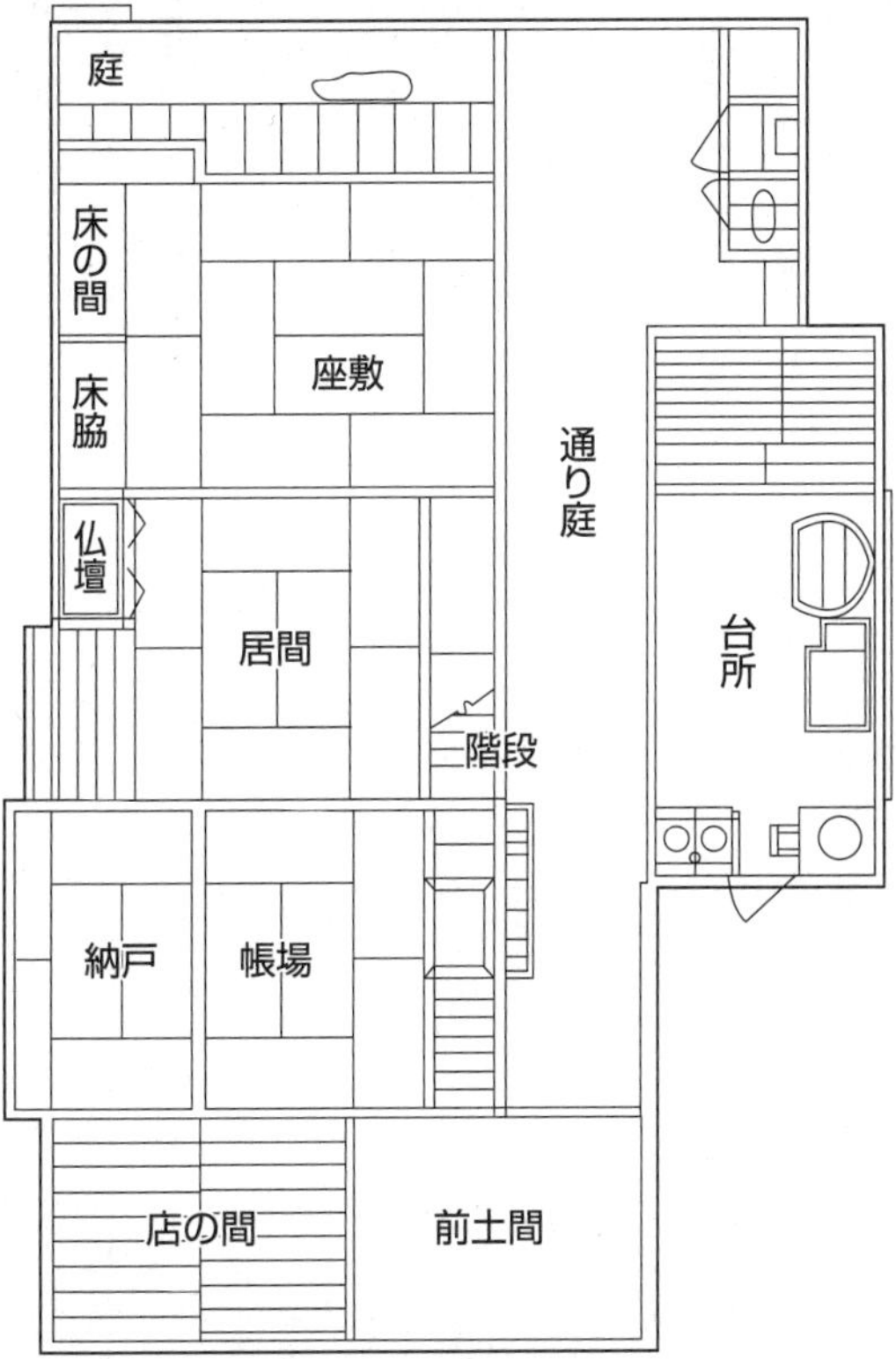

店の間の後ろには、帳場や納戸がある。さらにその奥には、居間や上客を迎える座敷などがある。二階部分は寝室など住居になっていた。この図の場合、台所は住居部分にはなく、土間から続く通り庭に面し、かなり大きなスペースで張り出す形につくられている。

酒問屋

江戸っ子に評判の酒はどこに運ばれたか

上方からはるばる運ばれた下り酒

江戸っ子たちは、伊丹《いたみ》や池田《いけだ》、灘《なだ》など上方《かみがた》から運ばれてくる酒を「下り酒」といって、上等品扱いをした。

「徳利《とっくり》のお土産何より伊丹入り」

と川柳にも詠《よ》まれたほど。関八州《かんはっしゅう》でできる地廻りの酒もあったが、「安い酒」「まずい酒」と評判はいまいち。それにくらべると、上方は醸造技術がすぐれていたうえに、運送中、海上で樽《たる》が揺れるため、酒の味がまろやかになると評判だった。

毎年、新酒ができるころになると、樽廻船《たるかいせん》は特急便で運行された。その年、最初に新酒を運ぶ船を新酒番船といい、西宮《にしのみや》の港から江戸へ向けて鐘や太鼓のお囃《はや》しつきで一斉にスタートし、一番乗りが競われた。

ゴールは品川港だが、無事に到着すると順位を書いた「番札」が渡される。入賞は三位までだが、この番札が輸送技術の証《あかし》として認められていたため、毎年この名

西宮〜江戸間航路図

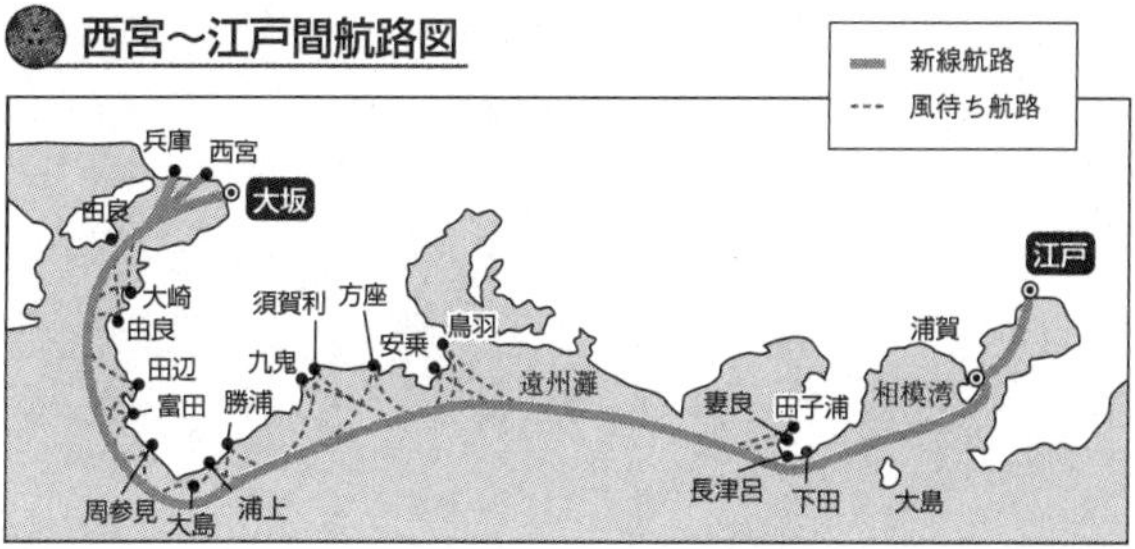

樽廻船は帆船である。台風や強い季節風などを避け、順風で航行するための風待ちが行なわれた。

誉をかけて熾烈《しれつ》な争いが繰り広げられた。最速記録は五日間だという。

元禄年間（一六八八〜一七〇三）には約三十日かかるのが普通だった。その後、造船技術や航海技術の進歩によって十日ほどに短縮されたとはいえ、五日間とは驚異的だった。

品川に三番船までが到着すると、船上で酒問屋によるきき酒が行なわれ、将軍の御前酒が選ばれたあと、残りの酒が問屋に卸される。問屋はそれぞれの瀬取船《せどりぶね》（小型の荷船）に積み換えて、新川に並ぶ酒問屋の蔵まで運び、送り状と照合して荷揚げをした。

「酒は新川」といわれた江戸随一の酒蔵

『江戸名所図会』に「新川酒問屋」と題する絵があるが、川には酒樽を積んだ舟が往来し、河岸には酒蔵が並び、道をはさんで酒問屋が連なっている、という絵だ。道をいく人や仕事をしている人なども多い。河村瑞賢《かわむらずいけん》といえば、豪商であり、土木家でもあるが、万治《まんじ》二年（一六五九）、日本橋川、亀島川、隅田川に囲まれた中洲の「霊岸島《れいがんじま》」を開発したとき、島内に日本橋川と並行する運河を掘った。これが新川で、長さは約六百メートル、幅は十五メートルほどだった。

新川には西北から一の橋、二の橋、三の橋が架けられ、両岸には下り酒問屋の蔵が並んでいた。当時、江戸には三十七軒の下り酒問屋があったが、そのうちの七割は新川筋に集中していた。

樽廻船が運んでくる下り酒は、瀬取船に積み替え、それぞれの蔵へ運び込む。享《きょう》保《ほ》十一年（一七二六）、江戸に入荷した下り酒は約七十九万六千樽におよぶほど。このころには店前で枡《ます》や湯呑みで飲ませる酒屋が増えたほか、居酒屋も出現していたから、酒の消費量も増えるばかりだった。

いま、このあたりは中央区新川一丁目と二丁目で、新川という堀はない。霊岸島も「霊岸橋」という名称があるだけだ。江戸時代、「酒は新川」といわれたほどだが、いまでも酒造メーカーの建物が多く、その名残《なごり》を見せている。

霊岸島町

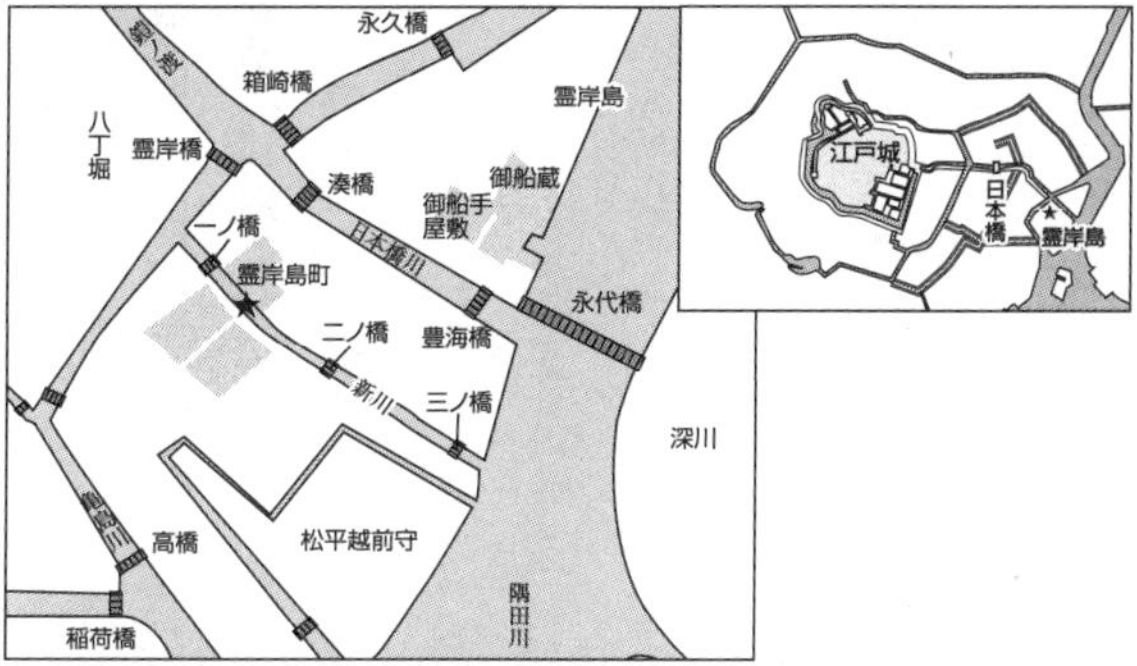

霊岸島は江戸中島と呼ばれていたが、霊岸寺が建立されたことから、霊岸島と呼ばれるようになった。明暦《めいれき》の大火で霊岸寺は焼失、対岸の深川に移転している。亀島川向こうは八丁堀で、武家地が広がる。

新川酒問屋　『江戸名所図会』より

図の手前を流れる川が新川である。石積みで護岸整備されている運河であることがわかる。川には酒樽を積んだ瀬取船が往き来している。両岸には酒問屋が集中し、黒壁の酒蔵が並んでいた。

茶屋・料理茶屋

観光地に並んだ茶屋の繁昌ぶり

●安価に利用できた御休処

江戸時代には、各地に茶屋ができて、茶を飲みながらひと休みするようになった。茶屋といっても当初は、道端に設けた葦簀《よしず》張りのもので、通行人に茶を飲ませるだけ。一杯四、五文くらいだった。いまのお金では、百円から百二十五円ぐらいである。いやがて、両国や浅草などの盛り場、寺社の境内《けいだい》などに立ち並ぶようになった。いずれも葦簀張りの仮小屋だが、こうした茶屋は「水茶屋《みずぢゃや》」と称した。その後、なじみ客には酒や肴《さかな》を出すようになったし、茶汲女《ちゃくみおんな》（茶屋女）も派手な着物を着るようになった。さらに、水茶屋のなかには奥座敷を設け、商談や情事の場として提供した。

一般的に茶を飲ませながら休息させる水茶屋は、店先に炉と茶釜を置き、茶棚は軒下に出してあった。床几《しょうぎ》は土間に二つか三つ置いてあるだけだから、さほど広いとはいえない。一つの床几に客が二、三人だから、五、六人も入れば店はいっぱいになる。軒には「お休息処」とか、店の屋号を記した掛行灯《かけあんどん》を出していた。

葦簀張りの水茶屋

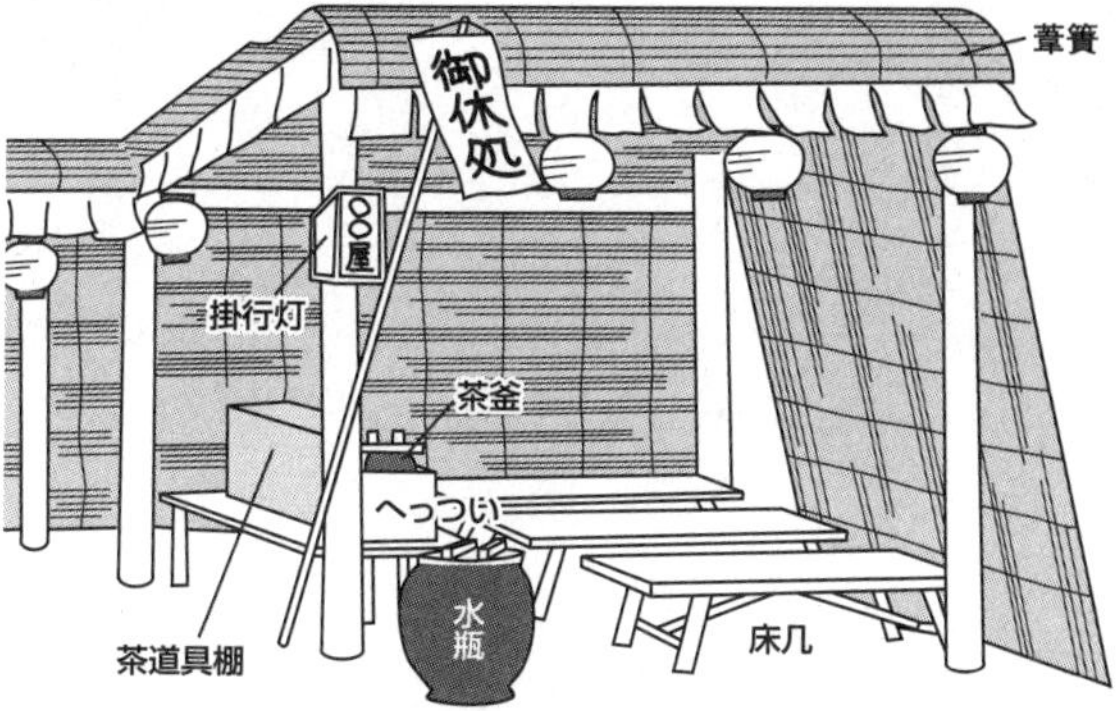

水茶屋の茶汲女のなかには、浮世絵師鈴木春信が描いた美人画をきっかけに、江戸中の話題を集めた笠森お仙のような者もいた。

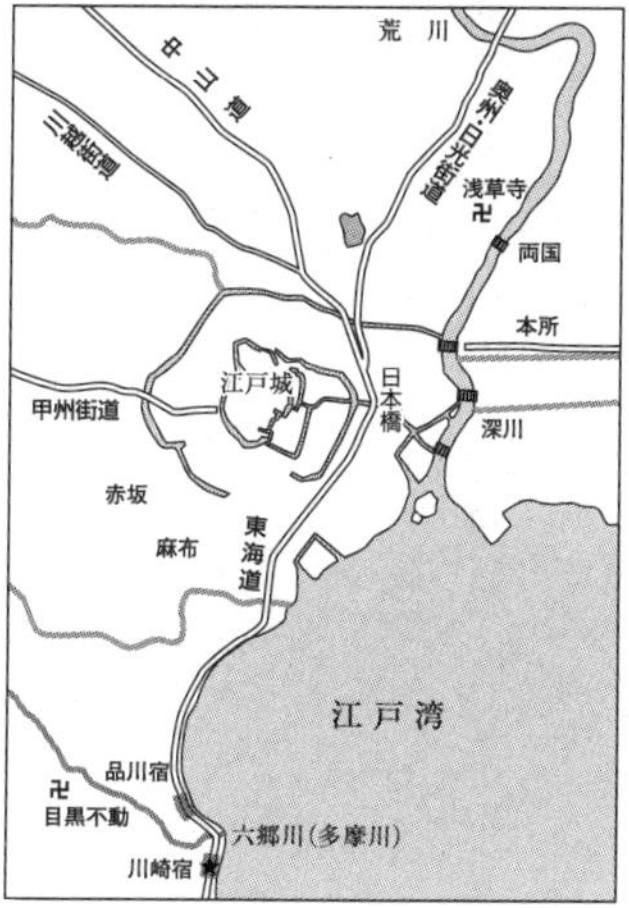

茶屋の品書き例

茶	四～五文（約百円～百二十五円）
団子	四文（約百円）
桜餅	四文（約百円）
甘酒	八文（約二百円）

◯万年屋の奈良茶飯

茶屋には名物の団子《だんご》や餅《もち》などを出すところも多かった。景勝地では戸外に緑台を並べて、景色を一緒に楽しむことができた。目黒不動《めぐろふどう》の参道に立つ富士見茶亭は、店表から雄大な富士山が眺められるのが評判で、人が集まった。茶や団子のほか、夏にはスイカの切り売りなども行なわれていたようだ。

水茶屋にたいして、料理を食べさせる料理茶屋というのもある。東海道の川崎宿(神奈川県川崎市)にあった「万年屋《まんねんや》」もそのひとつ。『江戸名所図会』にもその絵がのっているが、奈良茶飯で客を集めた。万年屋は、明和《めいわ》年間(一七六四～七二)に十三文均一の一膳飯屋としてスタートしたのだが、名物の奈良茶飯が評判を呼び、宿泊施設を兼ねるほど発展した。文久《ぶんきゅう》三年(一八六三)の記録によると、表屋敷と別屋敷の二棟の二階屋をもち、表屋敷は間口十一間と、かなりの大旅館に成長した。

先の『江戸名所図会』でも大きな座敷が四つ、五つと開け放され、一部屋で三人連れの客が食事中だ。台所では数人の男女が忙しそうに立ち働いているし、土間の盥《たらい》にはいきのいい魚が入っている。さらに、これから上がろうとする客の姿もある。

奈良茶飯はもともと、奈良の興福寺や東大寺で、煎じ茶で飯を炊いたのがはじま

河崎万年屋奈良茶飯　『江戸名所図会』より

川崎は東海道、品川宿の先にあった。店の右手奥の台所にはたくさんの食器が並び、前掛けをかけた女性のほか店員が大忙しで働いている。

りだという。江戸時代には各地に普及していたが、明暦《めいれき》の大火後、浅草観音の門前茶屋でも出すようになり、大流行した。

茶飯に汁、小皿盛りの惣菜一品がついた簡単なもの。川崎宿は川崎大《だい》師《し》へ詣でる客が多かったが、万年屋の奈良茶飯は手軽さがうけていたようだ。

その後、料理茶屋の高級化が進み、江戸後期には深川洲崎《ふかがわすざき》の枡屋《ますや》、浮世《うきよ》小路《こうじ》の百川《ももかわ》、茅場町《かやばちょう》の楽庵《らくあん》、材木《ざいもく》町《ちょう》の山藤《さんとう》など高級料理を出す茶屋が増え、グルメブームが起きたほどだった。

居酒屋・煮売屋

庶民の社交場だった店

気軽に利用できた惣菜店

江戸の食生活が急速に豊かになったのは、明暦三年（一六五七）の振袖《ふりそで》火事（明暦の大火）後のこと。復旧工事が行なわれたため、諸国から職人や労働者が江戸へ集まってきたが、そうした連中の胃袋を満たそうとして外食産業が盛んになった。そば、うどん、田楽《でんがく》、すしなどの屋台が出現したし、江戸中期には店舗をかまえた飲食店（料理茶屋など）も増えてくる。江戸後期の戯作者大田南畝《おおたなんぽ》が「五歩に一楼《ろう》、十歩に一閣《かく》」と書いたように、どこにでも飲食店があったということだ。

いまはデパ地下など、惣菜の専門店が多いが、そのルーツは江戸の「煮売屋《にうりや》」だった。煮魚や野菜の煮しめ、煮豆などを売っていたのだが、その後、品数が増えた。『守貞漫稿《もりさだまんこう》』によると、「江戸の諸所にこれがあり、刻みするめ、こんにゃく、くわい、れんこん、ごぼう、刻みごぼうの類を醤油で煮しめ、丼鉢に盛り、店棚にならべている」というありさまだった。

煮売り屋の店先

店先に掲げられた看板には、「おすいもの」「御にざかな」「さしみ」「なべやき」など品書が記されている。ほかにも野菜や豆などを煮て売っていた。その場で食べることもできるし、持ち帰ることもできる。　『鶏声粟鳴子』（国立国会図書館蔵）

煮売り屋の支払い

文化・文政年間（1818〜29）ごろの値段で、酒が一合20文（500円）から32文（800円）。肴二、三品と酒を三合で、だいたい100文（2500円）くらいになった。

江戸庶民の家庭では共働きが普通で、長屋のおかみさんたちも縫い物などで賃金を稼いでいた。惣菜を買うのはごく普通だったが、最大の客は単身赴任の武士や職人、労働者などだった。煮売屋は店売りをするほか、天秤棒で担ぎ、売り歩く者もいた。彼らは武家屋敷の長屋をまわり、勤番侍に売ったというが、重宝されていた。そのほか、武家相手の「賄《まかな》い屋《や》」というのもあった。江戸城中の泊まり番や組屋敷の単身者に一汁一菜の弁当を運んだり、見付警護の番人などに弁当を届けたのである。

◆居酒屋の誕生

これらの煮売屋は、六畳一間か二間くらいで、それほど広くはない。住居兼店舗の零細企業である。もっとも江戸後期になると、店先に屋台を出し、縁台を置いて、その場で食べさせる煮売屋も出現した。

その様子は当時の絵にも描かれているが、たとえば「おすいもの、御にざかな、さしみ、なべやき」などの看板を出して客を集めた。縁台に腰を下ろし、好みの料理を食べながら、酒を飲む。連れがいれば、話がはずむ。煮売屋は庶民の憩いの場であり、社交の場にもなっていたようだ。

煮売り酒屋の店内

食材の魚や鳥
まな板
水桶
へっつい
帳場
土間
座敷

夜になると、紙張りの笠の下に油皿を仕掛けた、平たい吊り行灯（八間）を使ったが、やはり暗かった。料理は座面と同じ場所に直接置くか、盆の上に置いた。

『江戸庶民風俗図絵』より作図

そうした一方、享保《きょうほう》年間（一七一六〜三五）、居酒屋が出現する。居酒屋といっても、当初は酒屋の店先での立ち飲みだった。やがて、肴に田楽を売るようになると、職人や行商人、商家の奉公人などが飲みにくるようになり、繁昌した。

やがて飯屋でも酒を飲ませるようになる。この飯屋兼居酒屋が表に縄《なわ》暖簾《のれん》をかけていたため、のちに居酒屋を「縄暖簾」というようになった。

長屋暮らしの庶民にとって、料理茶屋は金がかかりすぎて関わりがない。その点、煮売酒屋や、飯屋兼居酒屋なら安心だから、よく利用した。

楊枝店

美人の看板娘を目当てに店通い

●白い歯自慢の江戸っ子

江戸っ子はきれい好きで、よく歯を磨いていた。といって、いまのようにブラシで磨くとか、マウスウォッシュでクチュクチュやるのでもない。房状の楊枝《ようじ》を使っていた。

楊枝の長さは江戸中期、一尺二寸（約三十六センチ）から三寸（約九センチ）ほどだったが、文政年間（一八一八〜二九）には四寸（約十二センチ）から六寸（約十八センチ）ぐらいになったという。それ以前には、それぞれが自分で柳の小枝をかみ、先端を房状にした。これで歯の表面を磨き、口腔の清潔さを保ったのである。

専門の楊枝店が出現したのは江戸中期から。文政十三年（一八三〇）に刊行された随筆『嬉遊笑覧《きゆうしょうらん》』には「江戸にて楊枝商人の多きは、浅草寺境内《けいだい》に勝る処なし」とある。『江戸名所図会』の浅草寺を描いた絵にも「楊枝店」と題する絵がある。縁日の出店のような造りだが、絵にはつぎのように「楊枝の五つの効能」をあげている。

楊枝店『江戸名所図会』より

左手前、中央、左手奥と、すべて楊枝店である。店にはいずれも看板娘がいて、お客に声をかけている。絵のなかには、五つの効能のほか、境内に楊枝店が多くて驚くこと、柳屋という号が元祖とされることなどが書いてある。

「一、口苦《にが》からず
二、口臭《くさ》からず
三、風を除き
四、熱を去り
五、痰《たん》をのぞく」

●楊枝屋の看板娘

浅草寺境内には楊枝店が多かったから、どの店も美人をそろえて売上を競った。大田南畝《おおたなんぽ》も随筆『半日閑話《はんにちかんわ》』のなかで、柳屋のお藤《ふじ》が評判娘だと紹介している。谷中《やなか》の笠森稲荷《かさもりいなり》にあった水茶屋のお仙《せん》と並ぶ美しさだと評判で、お藤をひと目見るためだけにわざわざ浅草に楊枝を買いにくる客もいて、店は賑《にぎ》わっていた。

柳屋が境内のなかの大きな銀杏《いちょう》の木の側にあったことから、お藤は「いちょう娘」とも呼ばれた。鈴木春信《すずきはるのぶ》が浮世絵にその姿を描いてから、お藤の評判はますます高まり、店の客も増えたという。そのほか、絵草紙や手拭などにも染められたほどだった。

楊枝店では、ほかに爪楊枝、歯磨粉、五倍子粉《ふしこ》（お歯黒《はぐろ》の粉）、茶筅《ちゃせん》、酒中花（盃

柳屋の店内の様子

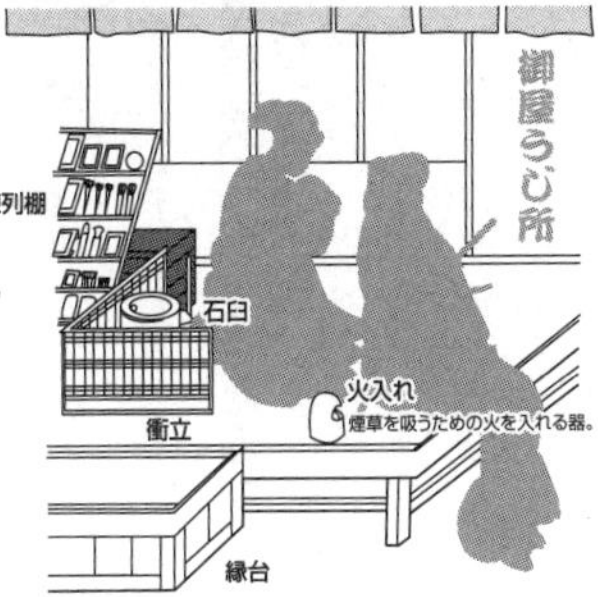

鈴木春信の描いた柳屋の様子。美人と評判のお藤を目当てに、頭巾姿の若い侍が縁台で話し込んでいる。陳列棚にはさまざまな大きさの楊枝や、五倍子粉などが並べられていた。お藤のような看板娘たちは、店先で石臼を挽いたり、楊枝をつくったりして客を集めた。

『風流江戸八景』浅草晴嵐より作図

に入れて酒を注ぐと開く水中花）、鳩の豆などを並べていた。楊枝は二文（五十円）から十六文（四百円）くらい。看板娘は店頭の目立つ場所で台にのせた楊枝の先を叩いて房をつくったり、五倍子を石臼《いしうす》で挽《ひ》いて粉にしたりした。

「ようじ屋に用事もないのに腰をかけ」

この川柳は、看板娘を見るためだけにやってきた男を詠んだもの。さらには、つぎのような句もある。

「焚付《たきつけ》にするほど楊枝浅黄《あさぎ》買い」

浅黄は浅黄裏の略で江戸詰《づめ》の田舎侍のこと。看板娘に見ほれて、ついつい楊枝を買ったところ、焚付にするほどたまってしまったというのである。楊枝店は競争相手が多かったから、美人の看板娘を置いて客寄せに懸命だった。

屋台

手軽さと安さが人気の江戸の軽食

屋台はいつ頃できたのか

江戸には、地方から単身赴任してきた勤番侍《きんばん》をはじめ、若者や老人の一人暮らしがたくさんいた。こうした人びとにとっては、自炊するよりは外食したほうが手軽だし、安上がりでもある。そのため、江戸では屋台が盛んになった。

テレビ時代劇に良く出てくるのは、そばの屋台。二つの長方形の箱形のものに、担ぎ棒がついていて、さらに屋根もある。

一方には、水の入った桶、とっくり、ちろり、振出し（薬味入れ）など。もう一方には、七輪《しちりん》、そばをゆがく釜とザル、そば玉、うどん玉、油揚げを入れた引出しがあり、棚にはどんぶりやそばちょこ、竹ばしなどが置いてある。必要なものがすべてコンパクトにまとめられてあった。江戸中期で、かけそばが一杯八文（二百円）だが、江戸後期には十六文（四百円）になった。

そのほか、屋台には天ぷら、すし、煮しめ、鰻《うなぎ》の蒲焼き、焼き団子、ぼた餅、大

屋台店の構造

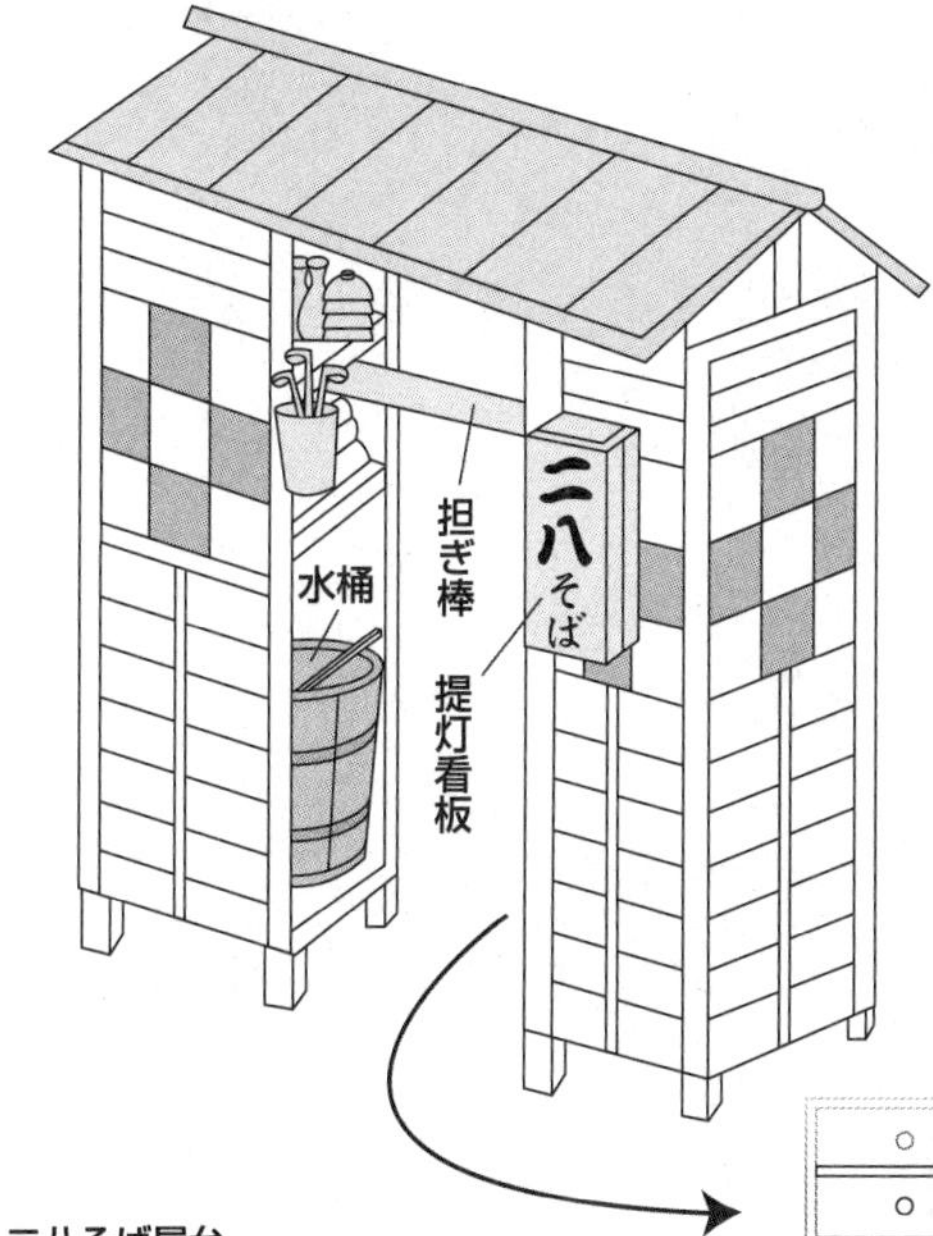

二八そば屋台

中央の担ぎ棒でかついで移動する。二八そばの「二八」には、2×8で16文のそば、という説と、そば粉8と小麦粉2の配合をあらわすのだともいう。

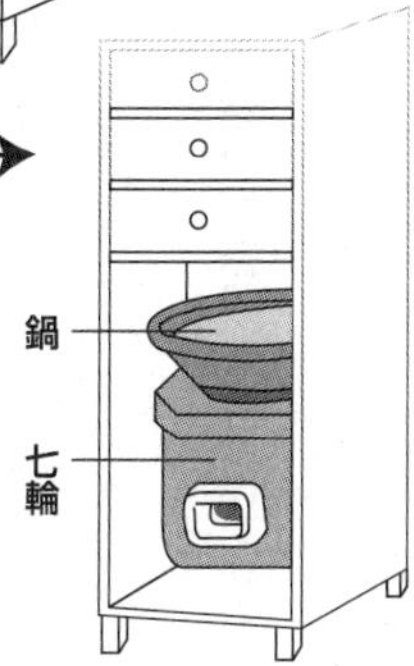

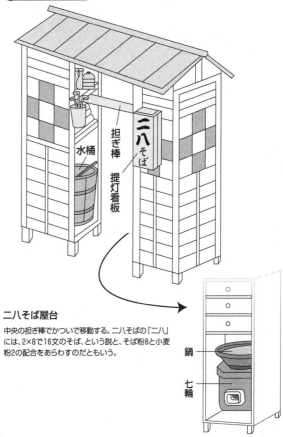

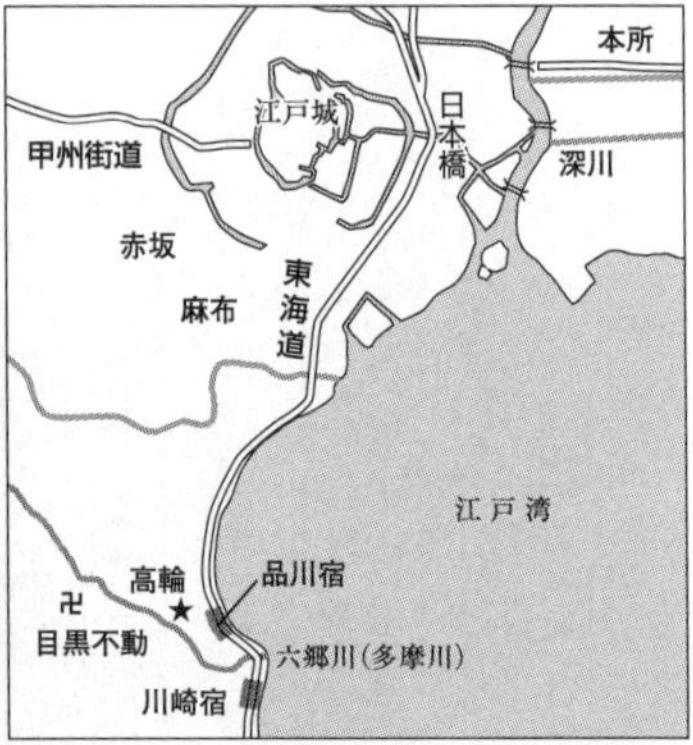

(神奈川県立歴史博物館蔵)

福、ゆで卵、いか焼、汁粉《しるこ》など、さまざまな食べ物が売られていた。

季節のものでは、虫売り、西瓜《すいか》売りなどがある。虫売りは六月上旬から七月中旬までの商売で、屋根と障子《しょうじ》に紺と白の市松《いちまつ》模様をつけた担ぎ屋台で商った。虫かごもさまざまだった。

西瓜売りは四斗樽の上に、切った西瓜を並べて売ったが、ほかに水菓子の看板を出し、桃や瓜などと一緒に売る者もいた。

江戸っ子も驚いた握りずしのはじまり

江戸庶民に人気が高かったのは、すしと天ぷらだった。天ぷらは具を串に

『東都名所高輪廿六夜待遊興之図』

茶屋のほか、汁粉、団子、そば、いか焼、すし、水菓子などの屋台が出て、祭りのような賑わいである

刺して揚げ、大皿に盛って一串四文（百円）から六文（百五十円）で売っていた。客はどんぶりに入ったたれをつけて食べたが、江戸湾でとれた新鮮な魚がうまいと人気を集めた。これは屋台でしか食べることができないものだけに、多くの単身者が食べにきた。

握りずしが江戸に登場したのは文化年間（一八〇四～一七）のころで、本《ほん》所《じょ》横網《よこあみ》（墨田区横網）の花屋与兵衛《はなやよへえ》の考案といわれている。新鮮な魚の切身や貝を酢飯にのせて、客の目の前で握って出すのだから、客はびっくりした。せっかちな江戸庶民にぴったりの食べ物だし、一個四文（百円）から八文（二百円）と値段も手ごろだった。

稲荷《いなり》ずしの屋台が登場するのは、天保《てんぽう》年間（一八三〇〜四三）のころ。当初は一個四文（百円）で、煮た油揚げにおから（豆腐をつくるときに出るしぼりかす）を詰めたものだった。その後、木耳《きくらげ》や干《かん》ぴょうなどを刻んで混ぜた飯を詰めるようになり、値段も六文（百五十円）くらいになった。日暮れから夜にかけて、人通りの多いところで売られ、繁昌していたようだ。

汁粉屋も江戸には多く、屋台のほかにも天秤棒で荷箱を担ぎ、行灯《あんどん》をともした汁粉屋もいた。もともと小豆《あずき》は、赤い色に魔除け、厄除けの力があると信じられ、正月十五日に小豆粥を食べる習慣があった。そのせいか、江戸時代、汁粉を売る屋台が「正月屋」の看板を出すようになった。一杯十六文（四百円）と安かったから、よく売れたようだ。

鰻の辻《つじ》売りもあった。これはザルに入れた鰻を、注文に応じてその場でさばき、蒲焼きにして売る。土曜の丑《うし》の日の鰻は文政年間（一八一八〜二九）にはじまったといわれる。これらは江戸のファーストフードといってよいが、種類も多く、江戸の食文化は屋台から発信されたといってよい。

五章

町屋の見取り図と町人の暮らし

江戸の裏長屋

隣近所と共同生活の長屋暮らし

●せまいが安い庶民の住宅事情

江戸の人口が百万人を超えたのは、江戸中期のこと。武家と庶民とは、ほぼ同数だったのに、武家地は七割位を占め、庶民はせまい土地に押し込まれていた。しかし、長屋があったからこそ、それだけ多くの人びとを収容できたのである。

長屋というのは、棟《むね》を長く建てた家で、普通はこの一棟を数戸に仕切って住む。つまり、集合住宅である。

長屋には、表長屋と裏長屋があるが、表長屋は道幅のせまい通りに面して建つ二階建ての長屋で、小商いを営む人が住んだ。つまり店舗兼住宅だった。

裏長屋はその裏に建つ長屋だが、一般的には、通りに面した木戸《きど》をくぐると路地があり、路地の真ん中には板で蓋《ふた》をしたどぶ（排水溝）が通っていた。その両側に数戸から十数戸の小さな家が連なっていた。裏長屋の間取りは、六畳一間のワンルームが基本。しかし、なかには二間や三間のものもあったし、二階建てもある。

長屋の配置

表通りに面した表長屋のあいだにある路地裏に、裏長屋が連なっている。

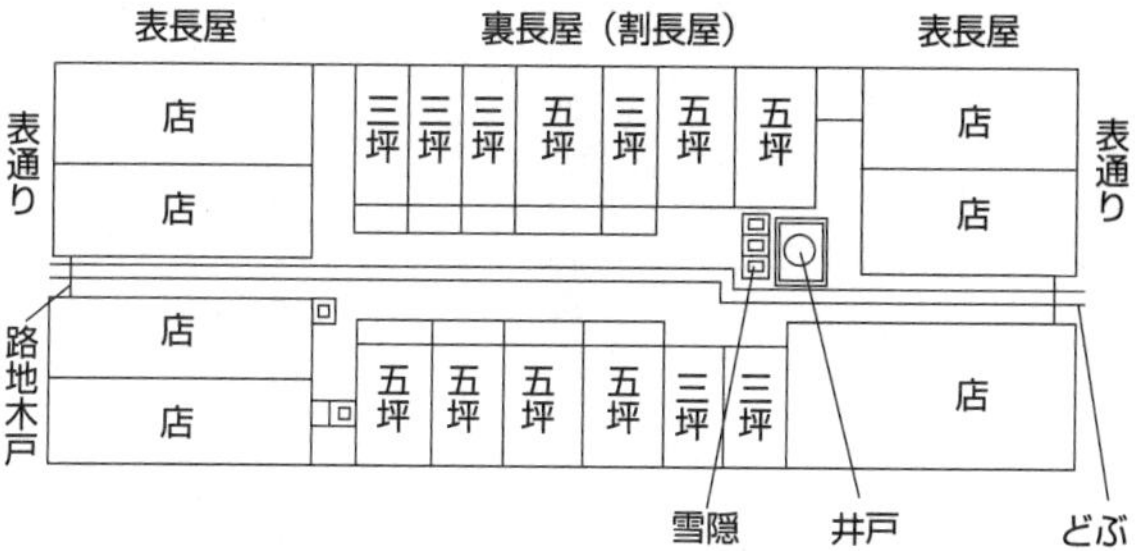

棟割長屋の構造

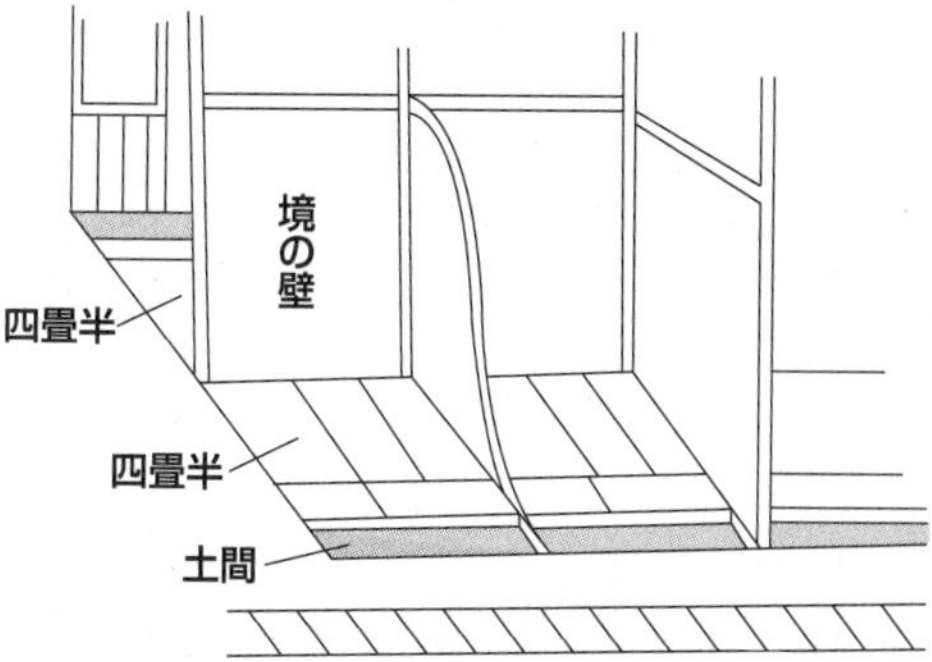

割長屋が入口と部屋の奥に障子があって、ある程度採光や風通しもあるのに比べ、棟割長屋は棟を境の壁でしきっているため、三方を壁で囲まれることになる。暗くてじめじめした長屋というのもあった。

棟割長屋《むねわり》は合棟長屋《ごうむね》ともいい、棟を中心に壁で両側に割り、それぞれの側を数戸に仕切ったもの。入口が外に開いているだけで、三方は壁になっている。それだけに、風通しや日当たりが悪いし、物音もよく聞こえてくる。

江戸後期、裏長屋の店賃《たなちん》（家賃）は一か月八百文（約二万円）から千文（約二万五千円）くらい。棟割長屋になるとさらに安く、五百文（約一万二千五百円）くらいだった。

◯助け合いが基本の長屋生活

こうした長屋に住むのは、青物売りや魚売りなどの棒手振《ぼてふり》（天秤棒《てんびんぼう》で商品を担いで売る行商人）、日傭取《ひようとり》（日雇）、駕籠舁《かごかき》、軽子《かるこ》（荷を運ぶ人）、牛ひき、夜商い、紙屑買いなど、精を出して働く人びとだった。

そのほか、職人や芸事の師匠、易者など、多様な人びとが住んでいた。

長屋では井戸、雪隠《せっちん》（トイレ）、ごみ捨て場は共用だったから、おたがいに気を使いながら暮らしていた。気がついたら、そうした場所をきれいにしておく、という気配りが当然だったのである。

長屋の中央部

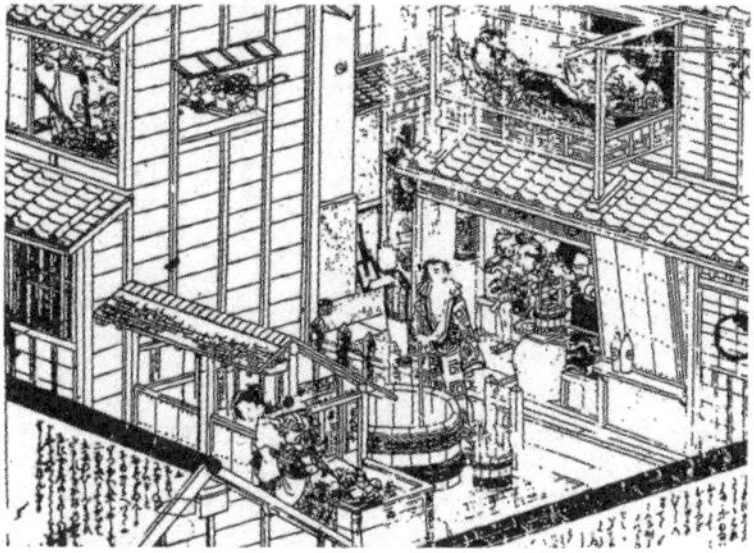

庇《ひさし》の不均等な小屋のようなものが雪隠。その隣がごみ溜めである。その向こうには井戸があり、共同で使用するものが一か所にまとめられているのがわかる。手前の屋根は平屋の割長屋、中央と右手が二階建ての割長屋。右手の長屋では、商いをしているようだ。
（国立国会図書館蔵）

とくに井戸は長屋生活の中心で、朝の洗面から食事の支度《したく》、洗濯などをしたし、女房たちは井戸端で世間話を楽しんだ。情報交換と社交の場でもあった。

毎年七月七日には「井戸浚《さら》え」といって、裏長屋の住人たちが総出で井戸の大掃除をした。

このとき、落としてしまった櫛《くし》などを拾った。なにやらイベントのように楽しみながら「井戸浚え」をしたのである。

共同のトイレに溜まった糞尿は、下肥買《しもごえかい》が買い集め、農家で肥料として活用していた。この代金は大家に支払われ、大家の副収入となる。

大家といっても現在とは意味が異なり、長屋のオーナーのことではない。地主に雇われて店賃（家賃）を取り立て、長屋を管理するほか、長屋の住人の身元引受人的な役割も背負っていた。

九尺二間の裏長屋　庶民の暮らしはどんなだったか

◆日の出、日の入りと共に暮らす江戸の生活リズム

江戸庶民の多くは「九尺二間の裏長屋」に住んでいた。「九尺二間」というのは、間口《まぐち》が九尺（約二・七メートル）で、奥行きは二間（約三・六メートル）ということ。つまり三坪（約九・九平方メートル）で、これが裏長屋の一戸の平均的な広さだった。六畳一間のワンルームだが、押し入れなどはついていない。しかも、六畳一間のなかに、入口の土間《どま》があり、へっつい（竈《かまど》）が据えられているし、水桶も置かなければならない。だから実際に居間兼寝室として使えるのは、四畳半ぐらいのものだった。

ところが、茶簞笥《ちゃだんす》や火鉢《ひばち》、行灯《あんどん》などを置いたり、夜具や行李《こうり》を隅に寄せて衝立《ついたて》で隠しておくと、三畳ほどの広さしか残らない。場合によっては親子三、四人で暮らすのだからたいへんである。室内は畳敷きのほか、板の間に筵《むしろ》を敷いたものも多かった。

もちろん電気などはないから、日の出とともに起き出し、日が暮れるとなるべく

一般的な裏長屋の構造

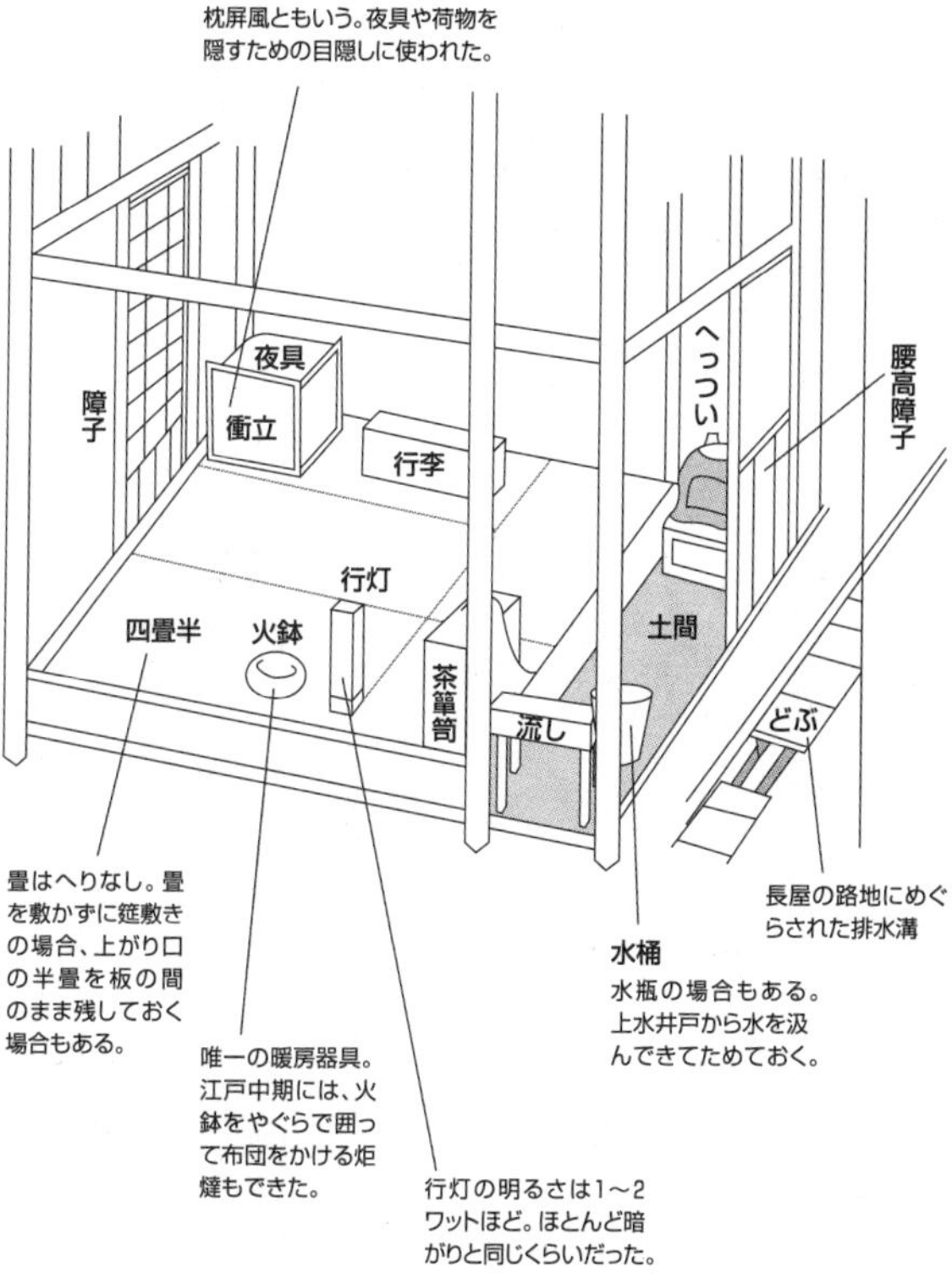
枕屏風ともいう。夜具や荷物を
隠すための目隠しに使われた。
夜具
衝立
障子
行李
へっつい
腰高障子
行灯
四畳半
火鉢
茶簞笥
土間
流し
どぶ
畳はへりなし。畳
を敷かずに筵敷き
の場合、上がり口
の半畳を板の間
のまま残しておく
場合もある。
唯一の暖房器具。
江戸中期には、火
鉢をやぐらで囲っ
て布団をかける炬
燵もできた。
行灯の明るさは1～2
ワットほど。ほとんど暗
がりと同じくらいだった。
水桶
水瓶の場合もある。
上水井戸から水を汲
んできてためておく。
長屋の路地にめぐ
らされた排水溝

早く眠る。江戸の生活リズムは健康そのものだった。

やむなく起きているときは、行灯に火をともす。菜種油《なたねあぶら》は一合で四十文（約千円）だが、二〜三日しかもたない。高価だから、一般的には安い魚油を使った。

しかし、悪臭がひどいので、すぐ頭が痛くなる。そこで明かりを消して早く寝よう、ということになった。

その点、蠟燭《ろうそく》は悪臭はしないし、行灯の四〜五倍の明るさがある。とはいえ、百目蠟燭が一本二百文（約五千円）もしたから、庶民の手にはとどかなかった。

◯せまい長屋暮らしを楽しむ方法

いまなら衣類の収納は簞笥が一般的だが、江戸の裏長屋では風呂敷に包むとか、行李に入れるかした。もっとも気楽な一人暮らしなら、衣紋掛《えもんかけ》にかけて吊しておく。

この時代、衣類は高価なものだったから、長屋暮らしの庶民は古着屋を利用した。庶民の女性が生涯を通して所持する着物は、三〜四枚もあればいいほうだった。

冬には火鉢を使うが、これは土火鉢といって、粗末な素焼きのもの。壊れやすかったので、木箱に入れて使った。このうえに櫓《やぐら》をかぶせ、布団をかければ炬燵《こたつ》であ

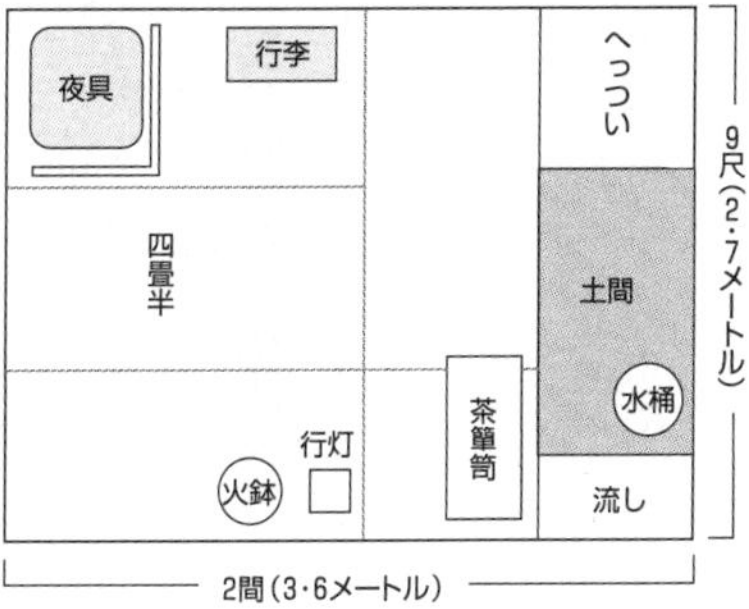

いわゆる「九尺二間」の一般的な裏長屋の部屋。隣の長屋との路地も狭い。部屋ごとにへっついが据えられているので、自炊もできるが、独身者の場合、屋台などを利用して外で済ませることも多かった。この部屋では、収納は行李がひとつ置かれているだけだ。着物は衣紋掛にかけて吊したりもした。

る。江戸の冬は、いまより寒く、よく雪が降ったし、隅田川にも氷が張った。長屋ではすきま風が入り放題だけに、火鉢は必需品だった。

　そうした一方、蒸し暑い夏は外に縁台を出し、団扇《うちわ》を使いながら涼をとった。

　人が集まると、流しの新内《しんない》や常磐津《ときわづ》、声色《こわいろ》つかい（ものまね芸）などがやってくる。あるいは、連れ立って隅田川へ夕涼みに出かけた。

　この季節の必需品は、蚊帳《かや》と蚊遣《かや》り。寝るときには蚊帳を吊って、そのなかに入るし、夕暮れどきには蚊遣り火を焚いて、蚊がはいってくるのを防いだ。蚊遣り香とか、楠《くすのき》などを使うが、裏長屋では松や杉の青葉をいぶす。だから、猛烈な煙に包まれ、むせるほどだった。せまい長屋でも、それぞれ工夫しながら暮らしていた。

職人の家

家族暮らしの長屋の一間

「居職」と「出職」がいた江戸の職人

手づくりといえば、いまは特別なもの、あるいは高級品といったイメージが強いが、江戸ではすべて手づくりだった。職人たちは丹念に物をつくり、人びとに喜ばれることを誇りにした。

江戸には多くの職人が住み、さまざまなものをつくっていたが、職人を大別すると「居職《いじょく》」と「出職《でしょく》」になる。居職は自宅で仕事をする職業で、仕立屋、染物屋、印判屋など。居職は加工業者だが、一方ではつくった物を自分で売る販売業者をかねることもあった。

出職は外へ出ていって仕事をする職業で、大工や左官《さかん》などである。

落語には、よく長屋住まいの職人が登場するが、それもそのはずで、落語の原形をつくり出した烏亭焉馬《うていえんば》は、本所相生町《ほんじょあいおいちょう》（墨田区両国二〜四丁目）生まれの大工棟梁《とうりょう》だった。落語を自作自演する一方、狂歌もつくり、号を「鑿釿言墨金《のみちょうなごんすみかね》」とい

家族暮らしの職人（出職）の一間

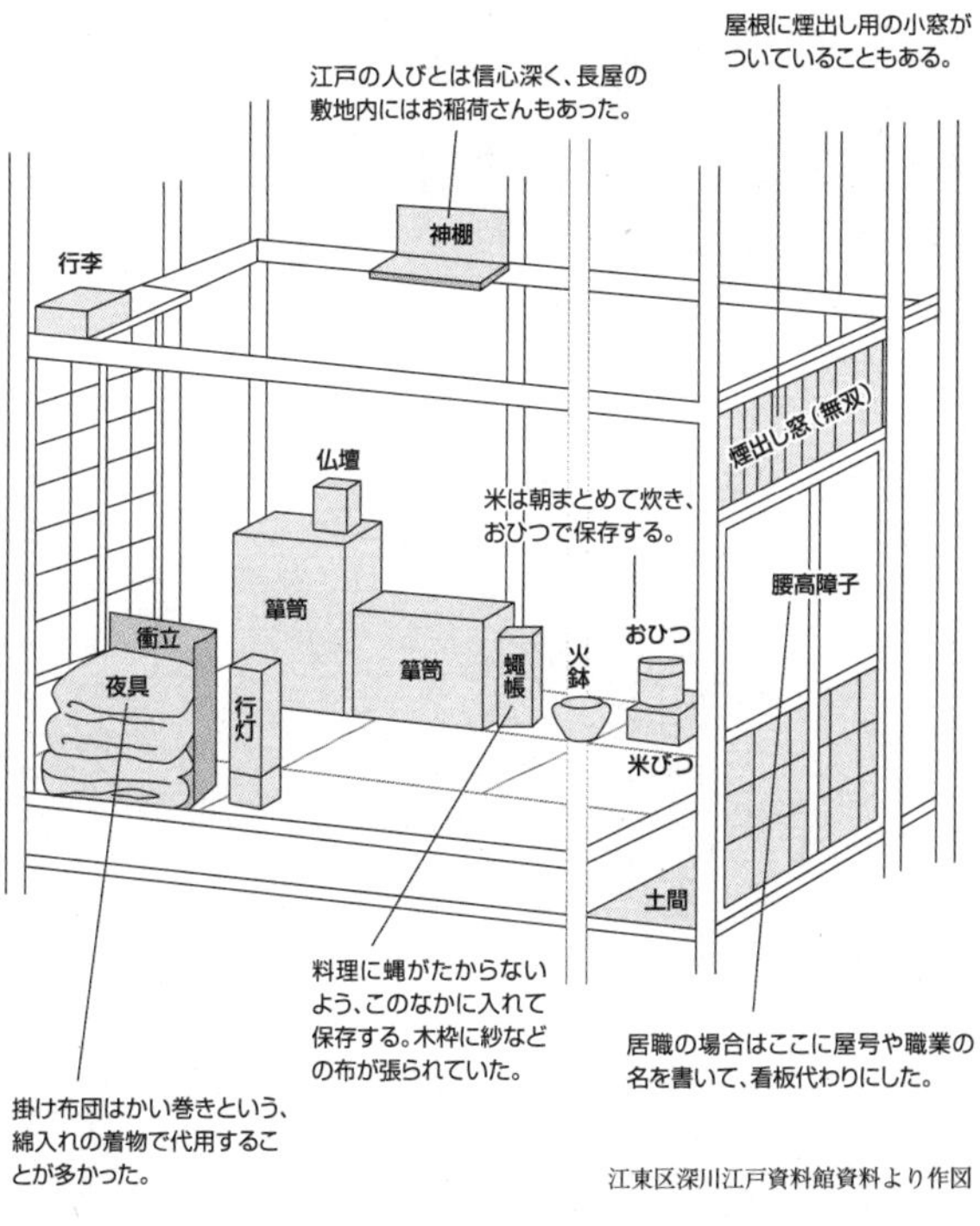
屋根に煙出し用の小窓がついていることもある。
江戸の人びとは信心深く、長屋の敷地内にはお稲荷さんもあった。
神棚
行李
煙出し窓（無双）
仏壇
米は朝まとめて炊き、おひつで保存する。
腰高障子
簞笥
衝立
夜具
行灯
簞笥
蠅帳
火鉢
おひつ
米びつ
土間
料理に蝿がたからないよう、このなかに入れて保存する。木枠に紗などの布が張られていた。
居職の場合はここに屋号や職業の名を書いて、看板代わりにした。
掛け布団はかい巻きという、綿入れの着物で代用することが多かった。

江東区深川江戸資料館資料より作図

ったほど。そのせいか、さまざまな職人が落語に熱中した。喧嘩っ早いが義理人情に厚く、仕事への誇りを持っている、という職人気質が垣間見える噺《はなし》も増え、やがて「職人噺」というジャンルができあがった。

◯職人気質と職人の暮らし

職人の仕事場は、職種によってまちまちだが、小さいものをつくる職人は、裏長屋の六畳一間の住まいを、そのまま仕事場にしていた。朝食をすませると、部屋のなかを片づけ、道具箱を取り出して仕事をはじめた。

江戸の「指物師《さしものし》」は、いまでいう家具職人で、主に引出しのある箱物をつくった。ほかに、机や簞笥《たんす》などをつくったが、江戸中期には簞笥屋という専門職人が出現した。

長屋には簪《かんざし》などをつくる錺《かざり》職人や、江戸団扇《うちわ》をつくる団扇職人、浮世絵師から傘張り浪人まで、さまざまな職人が住んでいた。

出職の花形は大工だが、すべてが親方になれるわけではない。そのため、親方の下請《したうけ》職人として働くことが多くなる。こうした職人は、手間賃をもらって仕事をするので、「手間取り」と称するようになった。

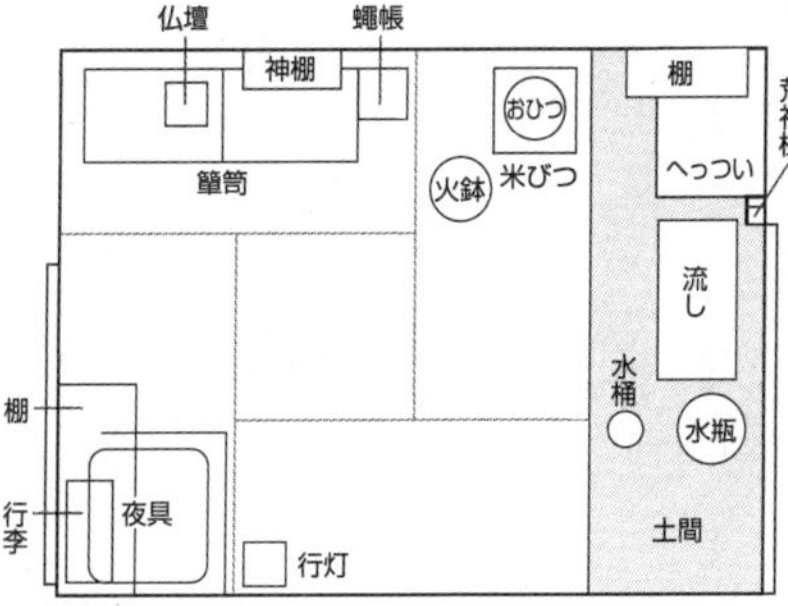

出職の職人の家である。親子で暮らすとなると、家財道具も増えてくる。この部屋には、簞笥が二つ置いてあるし、神棚や仏壇もある。こうなると、いよいよ使える場所は三畳ほどしかない。居職の職人なら、加えて仕事道具も置かれているから、もっとせまくなる。

職人から生じたことわざもある。たとえば「鏡磨ぎが水銀を出すよう」ということわざは、鏡磨ぎが鏡を磨くときに、少しでも無駄を出さないよう、そろりそろりと少しずつ水銀を出すさまを表わしているのだが、「非常にケチで金や物を出し惜しみ」するという意味で使われた。

「紺屋《こうや》の明後日《あさって》」といえば、「約束の期限が当てにならないこと」のたとえである。紺屋の仕事は天候に左右されるので、つい仕上げが遅れてしまう。客に催促されると、「明後日には」といっていいのがれた。いずれの職人たちも、命の次に道具を大事にしていた。そのため火事になると職人たちは、まず道具箱を家の前のどぶに放り込んだという。自分の腕と道具さえ残れば、家が全焼しても、仕事をして新たに金を稼ぐことができたからだった。

三味線師匠の家　住まいと兼用の稽古場

●江戸のお稽古ブーム

江戸庶民の食事が一日三食になったのは、中期以降のことだが、それは経済的に豊かになったからである。同時に、身分階層を問わず、さまざまな習い事が流行しはじめた。とくに商家では女の子に三味線《しゃみせん》、琴などの音曲を習わせる母親が増えた。『守貞漫稿《もりさだまんこう》』によると「女子が三弦（三味線）、浄瑠璃《じょうるり》をもっぱら習うのは、すでに百年も前からの風習である。いまはますます盛んになり、女子は七、八歳からこれを学ぶ」というありさま。当時は武家に奉公すると株が上がり、良縁に恵まれた。そのため、女の子たちは、遊ぶ間もないほど、さまざまな習い事に通わされたという。

一方、大人の男たちのあいだでは「道楽《どうらく》」といって、三味線、小唄、端唄《はうた》を習うことが流行《はや》った。三味線は歌舞伎の伴奏に良く使われたが、芝居好きが高じて三味線を習う男も増えた。商家の旦那衆が三味線をつまびきながらのど自慢をしたのである。さらに、吉原《よしわら》でもてたい男たちが三味線を習うということもあった。

奥行三間の長屋の様子

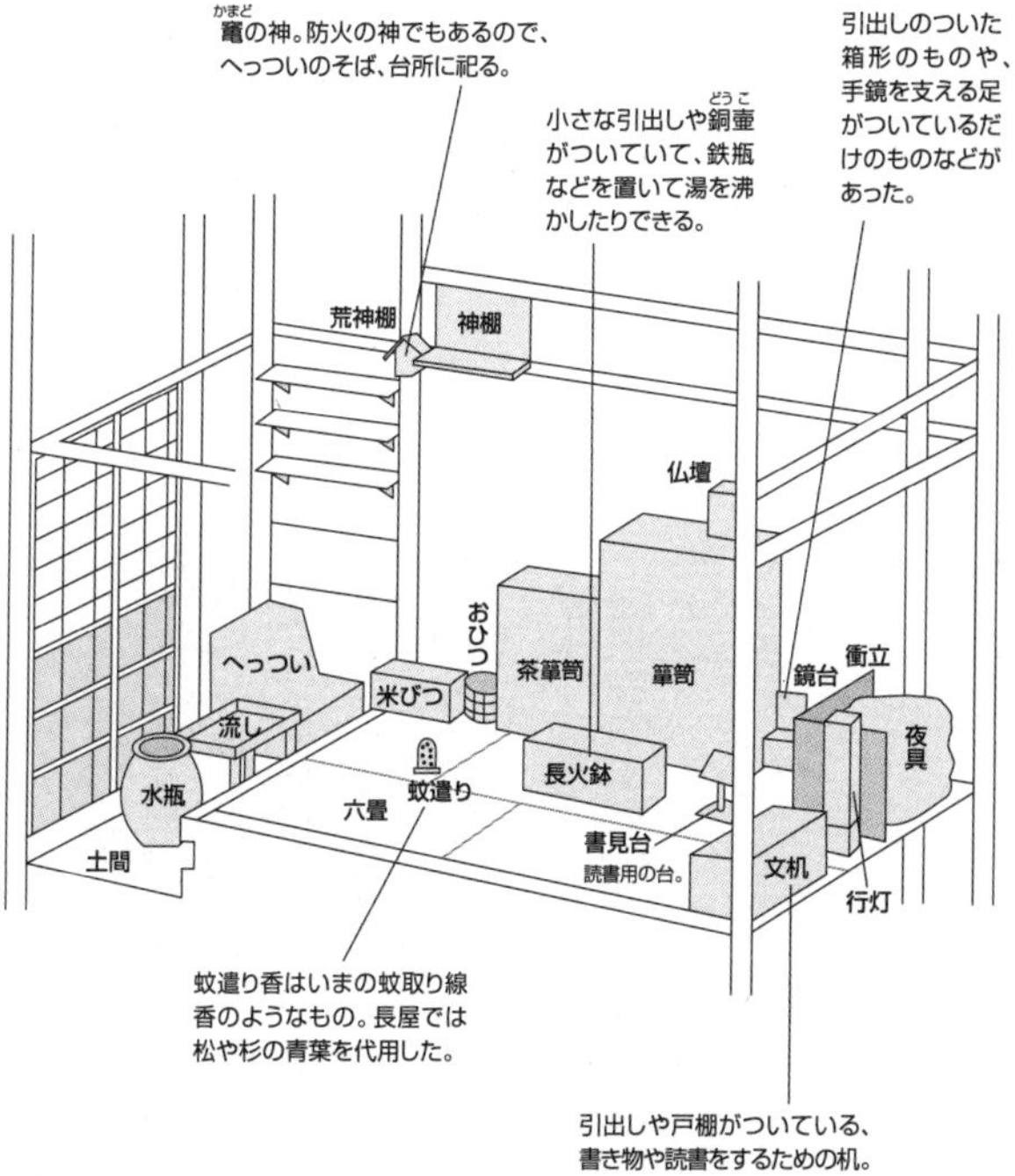
竈《かまど》の神。防火の神でもあるので、
へっついのそば、台所に祀る。
小さな引出しや銅壷《どうこ》
がついていて、鉄瓶
などを置いて湯を沸
かしたりできる。
引出しのついた
箱形のものや、
手鏡を支える足
がついているだ
けのものなどが
あった。
荒神棚
神棚
仏壇
おひつ
茶簞笥
簞笥
鏡台
衝立
へっつい
米びつ
夜具
流し
長火鉢
水瓶
蚊遣り
六畳
書見台
読書用の台。
土間
文机
行灯
蚊遣り香はいまの蚊取り線
香のようなもの。長屋では
松や杉の青葉を代用した。
引出しや戸棚がついている、
書き物や読書をするための机。

江東区深川江戸資料館資料より作図

当時、江戸市中には、さまざまな稽古の教室があった。「稽古屋」「稽古所」「稽古場」などと称したが、たいていは横町の新道《しんみち》にあった。

義太夫《ぎだゆう》、長唄、清元《きよもと》、尺八、琴、三味線などのほか、歌舞伎の名場面の声色（ものまね）を教える師匠が人気だった。「あくびの指南《しなん》」すらあったという。

また、「所作《しょさ》指南」という身のこなし方を教える師匠もいて、男らしいそばの食べ方、イケてる煙草の吸い方などを教えていたというからおかしい。

◯芸者上がりの粋な師匠

三味線の師匠は圧倒的に女性、それも芸者上がりが多かった。男たちは、「もてる通人《つうじん》」になるのが目的で、稽古に通ってくる。しかし、なかには師匠と話したいだけとか、師匠を口説こうとする弟子もいた。

教室は一軒家もあったが、長屋の一室が多かった。土間で履物を脱いで上がると、小ざっぱりと片づいた部屋。片隅に鏡台があり、化粧品の匂いが薄らとただよう。女の一人暮らしはやっぱり違うと感心しながら見ると、文机《ふづくえ》の上には本が積まれている。三味線と唄だけでなく、近所の少女に読み書きと裁縫《さいほう》を教える師匠もいた。

二階建長屋断面略図

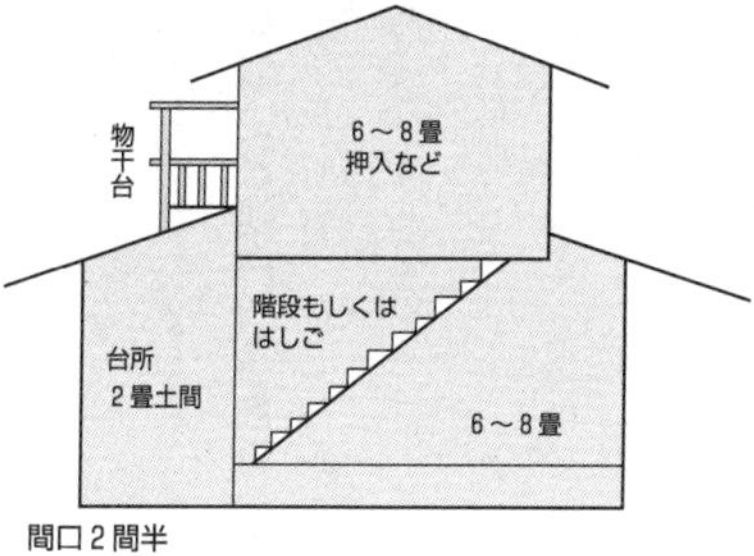
物干台
6～8畳
押入など
階段もしくは
はしご
台所
2畳土間
6～8畳
間口2間半

裏長屋は9尺（間口1間半）×奥行き2間の部屋ばかりではない。2間×2間半や2間×3間、3間×4間などさまざまな部屋があった。長屋には平屋のほか、二階建て長屋もある。階上へは階段かはしごを使うが、はしごの場合も多かった。使わないときは部屋の隅に寄せておけばじゃまにならないから、部屋をそれだけ広く使える。

三味線演奏や唄の稽古はすわる場所さえあればできるのだから、せまくても不自由はない。師匠がすわる場所と稽古をつけてもらう弟子がすわる場所、あとは時間差で弟子にきてもらえばいいのである。だから、多くは二間ほどの部屋を使っていた。

腕が上がれば人前で披露したくなるのが人情というもの。稽古に通った男たちは、「おさらい会」や「発表会」をして、音曲を楽しんだ。

この音曲ブームはどんどん盛り上がり、幕末のころになると三味線師匠は、どの町にも必ず一人は存在した。それだけ三味線をつくる職人も多くなった。

いまは「しゃみせん」というが、江戸では「さみせん」というのが普通だった。

長屋の台所　たたみ一畳にそろった必需品

●へっついと江戸っ子自慢の水道

長屋の朝は明六《あけむ》つ（午前六時）、路地口の木戸が開いてはじまるが、多くの人はすぐ朝食の支度《したく》をする。一日分の飯を炊き、木製の飯櫃《めしびつ》に入れておくが、朝食は温かい飯に味噌汁、漬物というのが一般的。納豆があれば、いいほうだった。

昼は残りの飯と味噌汁。江戸後期には、さまざまな屋台が出るようになったから、屋台ですませる人も増えた。夜は野菜の煮物、焼き魚などをつけるが、飯は朝の残りもの。そのほか、煮売屋の惣菜を買ってすませることもあった。

では、長屋の台所はどうなっていたのだろうか。江戸庶民の多くが暮らしていたのは、六畳一間の広さだが、入口を入ってすぐが台所。土間にへっつい（竈《かまど》）と水桶または水瓶、流し台が置かれていた。たたみ一畳ほどのせまいところである。

裏長屋で使うへっついは、小型の粘土製で古道具屋でも売っていた。上に鍋をのせ、下から薪《まき》や炭を入れて火をおこす。こうして煮炊きをしたのだが、単身者のへ

長屋の台所の様子

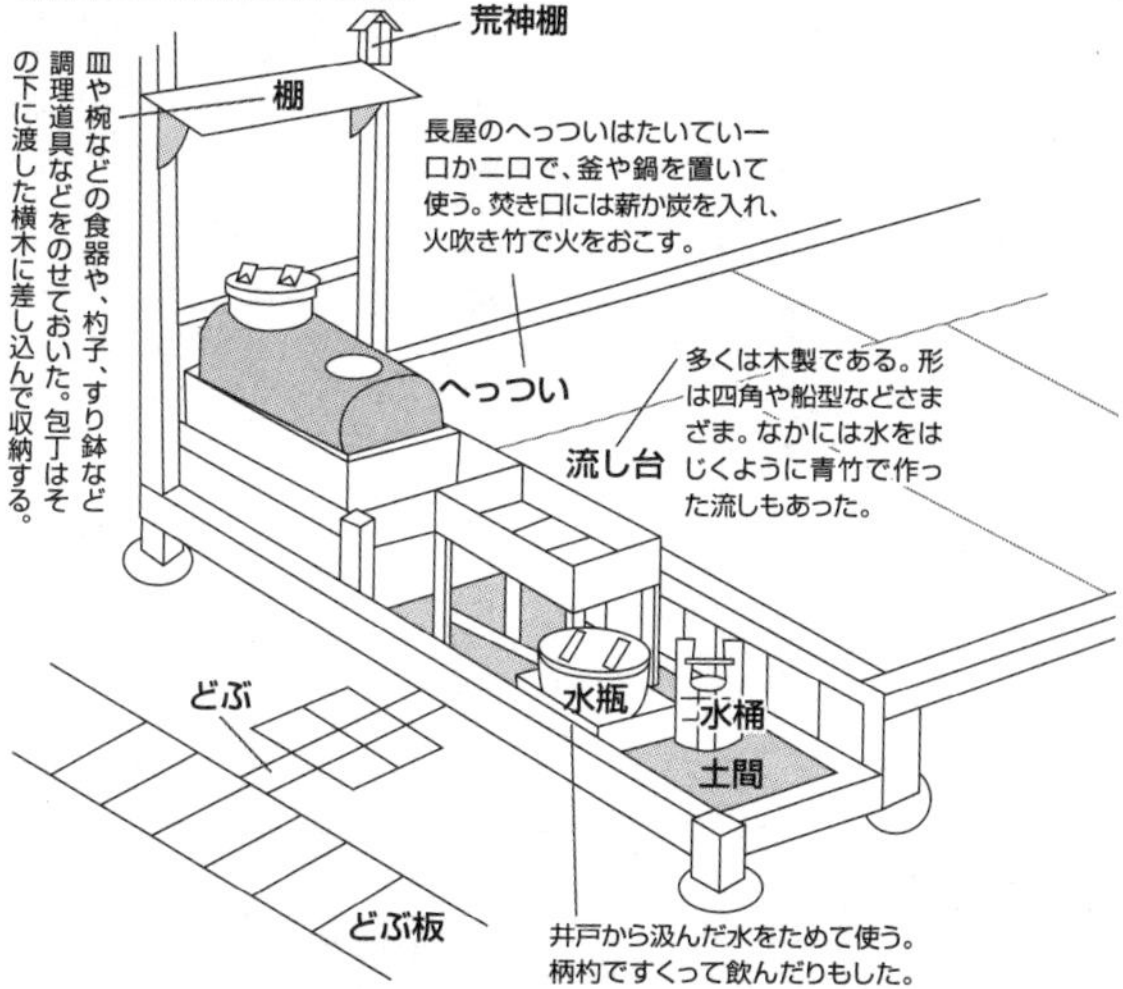
荒神棚
棚
皿や椀などの食器や、杓子、すり鉢など調理道具などをのせておいた。包丁はその下に渡した横木に差し込んで収納する。
長屋のへっついはたいてい一口か二口で、釜や鍋を置いて使う。焚き口には薪か炭を入れ、火吹き竹で火をおこす。
へっつい
多くは木製である。形は四角や船型などさまざま。なかには水をはじくように青竹で作った流しもあった。
流し台
どぶ
水瓶
水桶
土間
どぶ板
井戸から汲んだ水をためて使う。柄杓ですくって飲んだりもした。

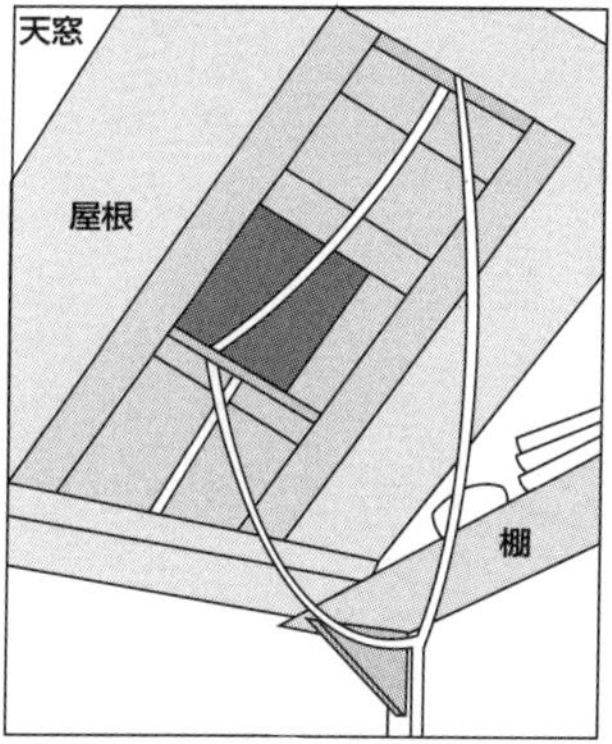
天窓
屋根
棚

入口入ってすぐの土間に台所をしつらえた。へっつい、流し台、水を汲んでためておく水瓶は必需品で、たいていどこの部屋にもあるが、せまい長屋では流し台を置かないこともある。家の前にはどぶがあり、排水はここへ流した。

換気のために格子状の窓（無双）や、上下に渡した丸竹に麻紐などを通して屋根の一部がスライド式に開閉する天窓があった。

っついは一口で、夫婦や子どもがいる場合、二口のことが多かった。

江戸中期には「七輪《しちりん》」が登場している。これは土製のコンロで、主に木炭を使った。なかにはへっついをもたず、七輪だけですませる人もいた。魚を焼くとか、簡単な煮物など七輪で充分だった。つまり、七輪というのは持ち運びのできるへっついで、魚を焼くときなど、室外に出して使った。

◯大釜や大小の竈がならぶ広い台所

豪商の屋敷では、使用人の数も多いので台所も広い。『絵本婚礼道しるべ』という本には、婚礼の饗宴の準備をしている台所の様子が描かれている。畳なら八十枚は敷けるような広い台所の土間。まず目につくのは大釜だが、薪をくべて飯を炊いている。その横に四口のへっついが並び汁ものをつくっているらしい。

手前の板の間では、大量の鯛や伊勢エビが桶に入れられ、調理をしているところだ。その奥には、男が煙管《きせる》をくわえて采配《さいはい》を振るっている。食器をそろえている女たちも見える。この絵のなかだけでも十八人の男女が忙しそうに働いているから、広い台所なのはわかるだろう。

豪商の台所の様子

図の左上に、へっついが並んでいる。その横には薪がたくさん置かれているのも見える。
『絵本婚礼道しるべ』(国立国会図書館蔵)

上級武家の台所でも、大小七つの竈を置き、いつでも大量の料理ができるようになっていた。台所の棚には桶や膳、器などが整然と並べられ、土間の奥には流し台があり、井戸もあった。人数の多い家では、湯わかし用の銅壺《どうこ》を竈に接続させていた。

江戸中期以降、床の上で使う竈が出現した。台所を板の間にして、必要なものをすべてコンパクトにまとめ、使いやすくしたのである。

流し台は、土間での立ち流しのほか、すわりながら仕事ができるように、上がり框《かまち》に設けた「座り流し台」もある。さらに、水切りがよいように竹でつくった流し台もあった。

湯屋

銭湯好きの江戸っ子たち

●石榴口の奥は湯気のこもる浴槽

いまでも銭湯の愛好家は多いが、それはせまいマンションの風呂ではなく、ときには大きな浴槽につかりながらのびのびしたり、古きよき時代を偲《しの》びたいという思いがあるからだろう。

江戸にはじめて銭湯ができたのは、天正《てんしょう》十九年（一五九一）で、当時は蒸し風呂だった。やがて客が増えたこともあって、石榴口《ざくろぐち》の風呂が出現した。

これは洗い場と湯槽とのあいだに板戸を張り、その下部三尺（約九十センチ）ほどをあけ、客はかがんで入るようにしてある。湯気が逃げて温度が下がるのを防ぐためだった。

広さはまちまちだが、湯屋の構造は共通している。『守貞漫稿』に紹介されている図では、表から入ると、左右に仕切りがあって、左が男湯、右が女湯。まず、土間があり、ここで履物を脱ぐ。つぎに一段高くなっている板の間にあがり、履物を

湯屋の見取り図

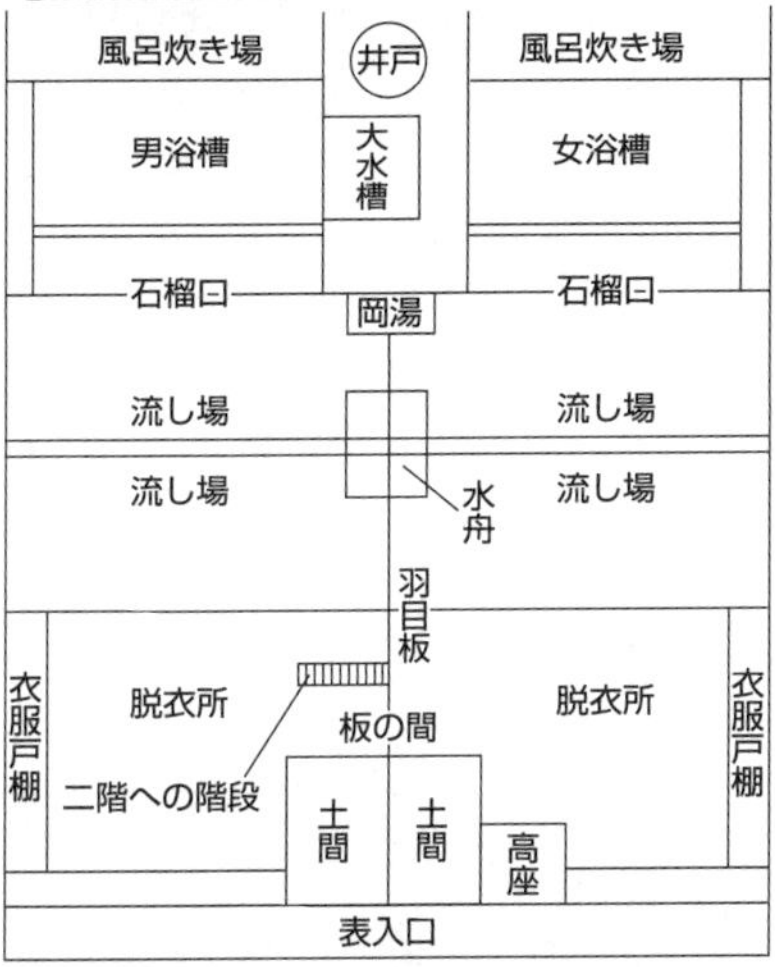

『守貞漫稿』より作図

流し場の板は勾配がついていて、水の流れる仕組みになっていた。高座はいまでいう番台のこと。湯は薪で焚くが、たくさんいるので、庶民はなかなか家に風呂を置けなかった。防火のため、豪商でも自宅に風呂を持てなかった。湯屋も勝手に開業することはできなかった。

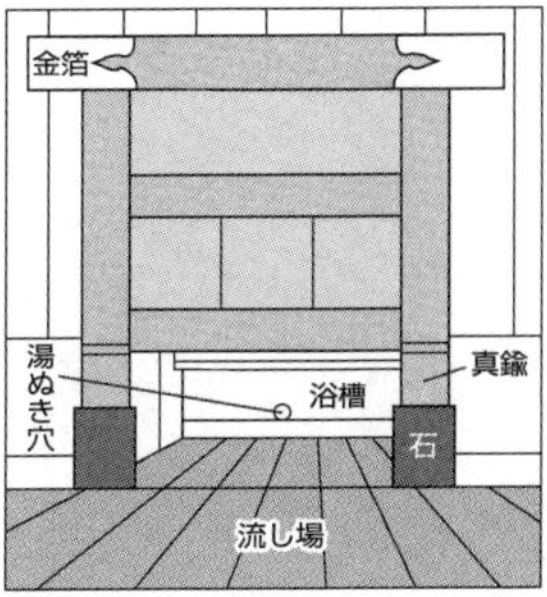

石榴口の構造

江戸の石榴口はほとんどが鳥居を模した形だった。

あずける。板の間は脱衣所だが、先に番台で湯銭を払い、それから着物を脱ぐ。衣服戸棚かカゴに入れ、流し場（洗い場）に入る。中央に溝があり、汚れた水は外へ流れ出るようになっていた。浴槽はその奥にあるが、内部は薄暗く、湯も汚れていたらしい。そこで、浴槽から出たあと、流し湯で丹念に体を洗ってから出た。

流し湯は体の汚れを洗い流す場だが、湯屋によっては、岡湯《おかゆ》を自由に汲み出せるように小さな湯槽を設けているところと、石榴口の脇に窓を開け、合図をすると、湯汲み番が岡湯を小桶に入れてくれるところがあった。岡湯というのは「上がり湯」のことで、湯槽を「湯船」というところからもじったものという。体は糠《ぬか》袋などで洗い、岡湯をかぶって出る。脱衣所との境に簀子《すのこ》になっているところがあるが、ここで水を切って出た。

◯湯屋の二階は男客の娯楽室

入口には「ゆ」と書いた布を竹の先につり下げたり、矢をつがえた弓を吊したりした。これは「弓射る」と「湯入る」をかけた洒落《しゃれ》のつもり。番台には糠袋や手拭のほか、楊枝《ようじ》（歯ブラシ）、歯磨き粉、あかぎれ薬、膏薬《こうやく》などを置き、売っていた。また、

湯屋の二階の様子

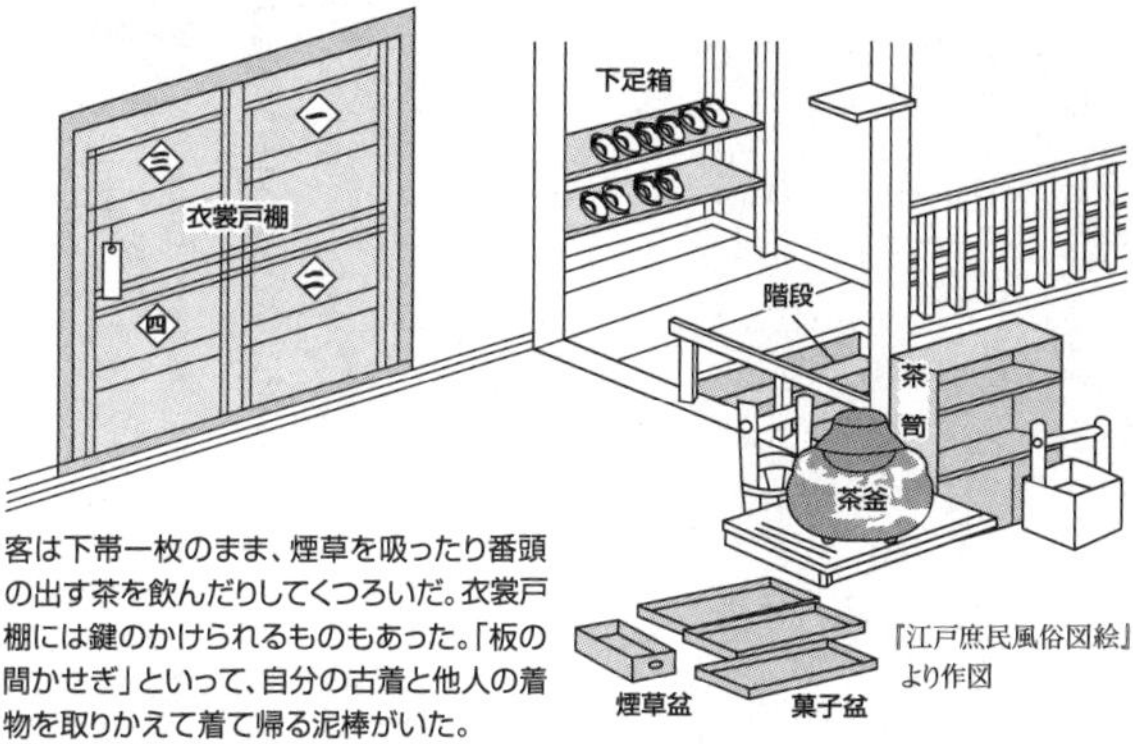
下足箱
衣裳戸棚
階段
茶筒
茶釜
煙草盆
菓子盆

客は下帯一枚のまま、煙草を吸ったり番頭の出す茶を飲んだりしてくつろいだ。衣裳戸棚には鍵のかけられるものもあった。「板の間かせぎ」といって、自分の古着と他人の着物を取りかえて着て帰る泥棒がいた。

『江戸庶民風俗図絵』より作図

板の間（脱衣所）には、爪切り用のハサミと櫛《くし》が備え付けられてあった。

男湯の二階は娯楽室になっていて、将棋や碁などを楽しむことができた。もともとは武士の刀を預かる場所だったという。商家の者や武士は二階に上がり、衣服を脱ぎ、それを戸棚に入れ、湯代と手拭をもって下へおりる。湯へ入ったあとは、ふたたび二階へ行く。茶を飲み、菓子を食べながら体が乾くのを待つ。知り合いがいれば、碁を打ちながら世間話をした。

もっとも二階座敷で楽しむには、湯代十文（二百五十円）のほかに八文（二百円）と、菓子代八文の合計二十六文（六百五十円）が必要だった。

芝居小屋

江戸人の大イベントだった芝居見物

江戸っ子たちに人気の芝居

江戸庶民の最大の娯楽は芝居見物だった。

芝居といっても、歌舞伎、人形浄瑠璃、神社の祭礼のとき、境内《けいだい》で興行する宮芝居、小規模な小芝居などさまざまだった。

むろん、もっとも人気があったのは歌舞伎。江戸っ子たちは「芝居」を訛《なま》って「しばや」といった。元禄《げんろく》年間（一六八八〜一七〇三）、中村座、市村座、森田座、山村座が官許の江戸四座とされ、「大芝居」と呼ばれていた。ただし、山村座は正徳《しょうとく》四年（一七一四）、江島《えじま》事件に連座《れんざ》して取り潰され、その後は江戸三座となった。

当初、「大芝居」といっても、天井

中村座　『中村座内外の図』歌川豊国

文化14年（1817）の中村座と往来の様子である。左右の建物が芝居茶屋で、留守居役や御殿女中、豪商などが利用していた。屋根の中央には9尺（約2.7メートル）四方の櫓、その左の大きな看板が演目を記した名代看板である。（国立国会図書館蔵）

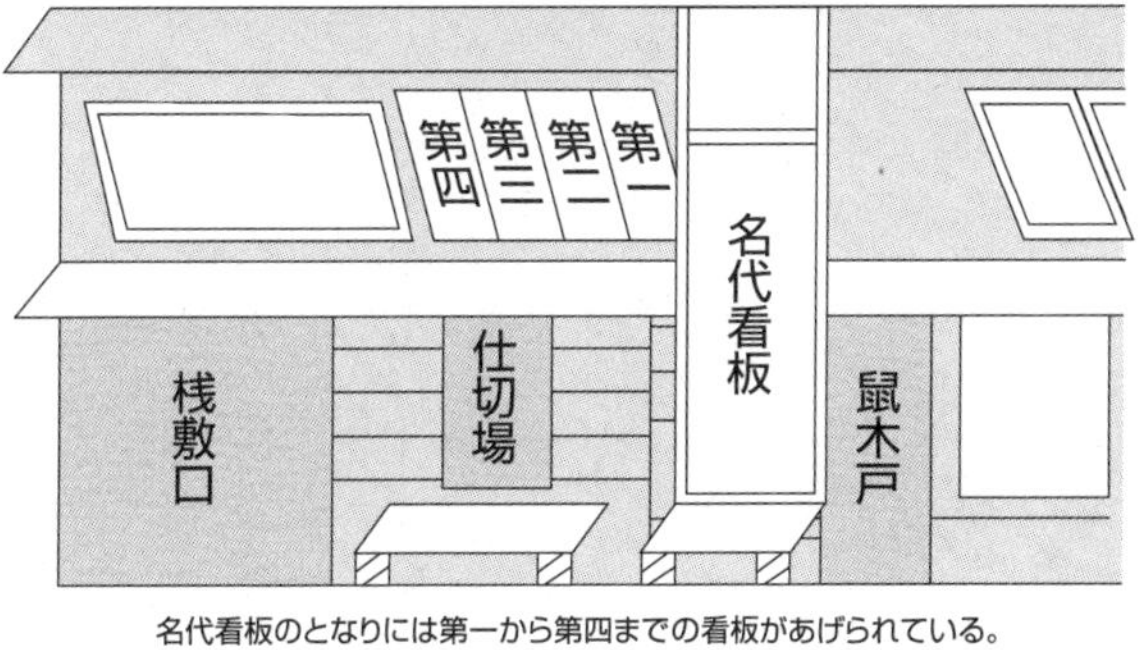

名代看板のとなりには第一から第四までの看板があげられている。

が葦簀《よしず》張りでしかなかった。享保《きょうほ》二年（一七一七）に屋根が架設され、やがて瓦《かわら》葺途屋《ぶきぬり》で、三階建ての大建築となった。

見物客には、芝居茶屋を通して入る客と、木戸銭《きどせん》を払って大衆席に入る客とがいた。芝居茶屋は芝居小屋の付属機関で、座席を予約したり、開幕までの休憩、料理などを楽しむ場所だった。

茶屋を利用するのは、大名の留守居役や豪商、宿下がりの御殿女中たち。茶屋で料理を食べてから芝居を楽しむのだが、芝居が終わると、ふたたび茶屋に立ち寄り、夕食を食べてから帰宅した。

桟敷《さじき》席は銀三十五匁《もんめ》（約六万円）ほど。むろん、年代や演目によって料金は異なるが、それにしても高額である。そこで、庶民は歌舞伎の「一幕見」を楽しんだ。これなら十六文（四百円）ですむ。

大入満員の芝居小屋

小屋は間口十一間（約十九・八メートル）、正面の屋根に九

舞台正面図

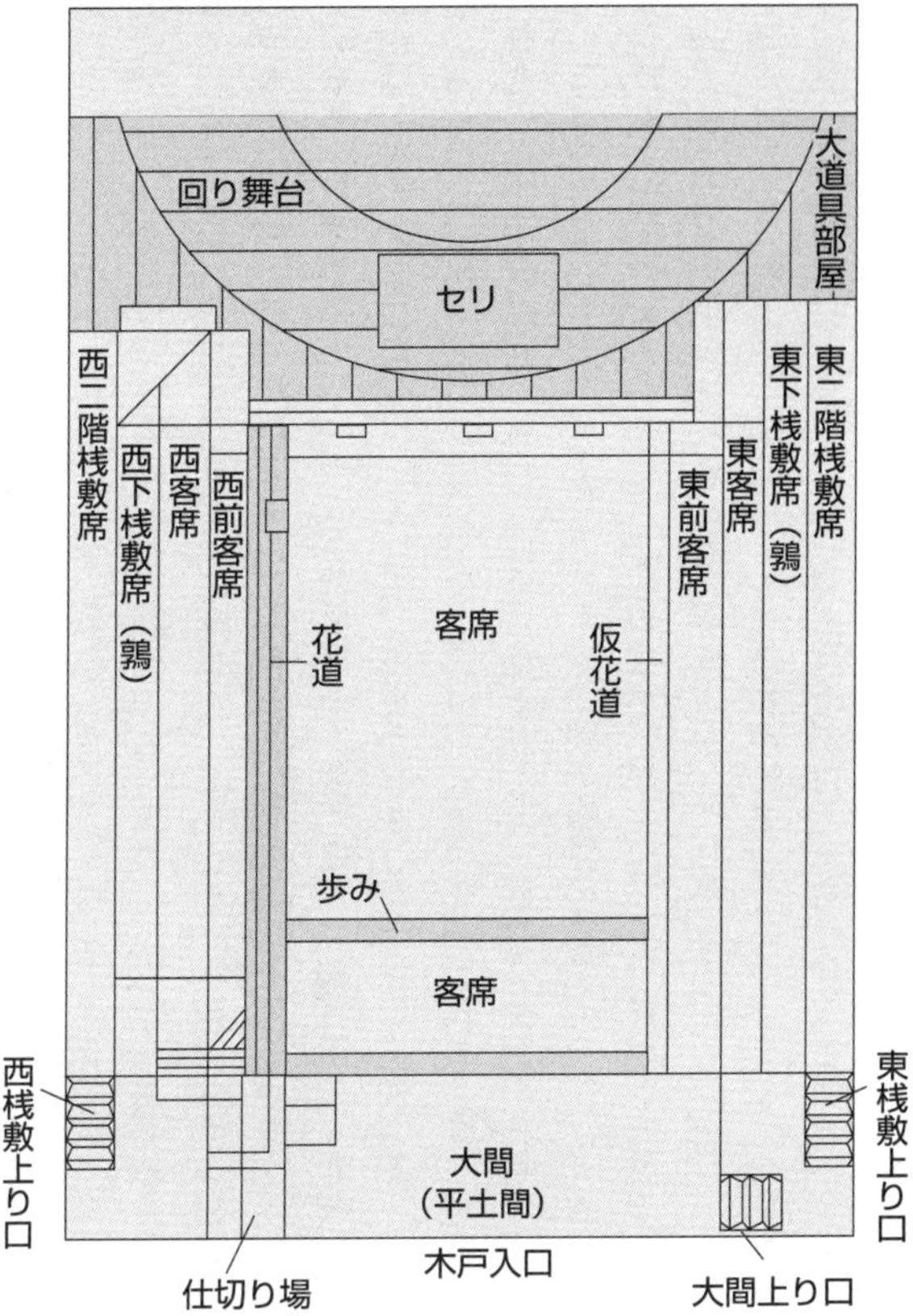

安政5年（1858）の芝居小屋内部の様子。いまの歌舞伎座に見られる花道、セリ、回り舞台といった要素がほとんどそろっている。『守貞漫稿』より作図

尺（約二・七メートル）四方の櫓《やぐら》を取りつけ、その下には演目や役者が分かる看板を掲げていた。入口の木戸は、せまいので鼠木戸《ねずみきど》と呼ばれたが、そこから入ると平土間である。ここは一般客席で枡《ます》に仕切られており、左右は芝居茶屋を通さなければ予約できない桟敷席だ。桟敷は二層になっていたが、一階の桟敷の前に二、三本の横木がついている。江戸ではここから首を出して芝居を観るさまが、人に飼われている鶉《うずら》に似ているといって、下桟敷席を「鶉」とか「鶉桟敷」とか呼んだ。

舞台は大きく客席に迫り出していて、中央から少し左手に花道がある。花道から登場する役者は、出て間もない位置で名乗り、花道の中央で演技をするのが約束ごと。舞台の真ん中には回り舞台、前面にはセリなど、歌舞伎独特の仕掛けが設けられている。回り舞台もセリの上げ下げも、すべて奈落《ならく》の底で人力でやっていた。

当時は電気照明などないから、「面明り《つらあか》」を使った。これは役者の顔を客に見せるため、後見が長い柄の燭台《しょくだい》を差し出すことで、「面火《つらび》」ともいった。

歌舞伎の衣装は派手で、役柄によって色彩が決まっていた。また、化粧や隈取《くまど》りも役柄が一目で分かるように工夫してあったが、それもそれほど明るいとはいえない照明事情のためだった。

勧進相撲

江戸の娯楽を代表する人気興行

◆相撲は女人禁制の危険な「神事」だった

相撲は芝居、遊廓《ゆうかく》と並んで江戸の娯楽を代表するものだった。また、当時、いい男として女にもてたのは与力《よりき》に力士に火消の頭。しかし、相撲はあくまでも神事とされていたから、女性の見物は禁じられていた。

江戸では「勧進相撲《かんじんずもう》」として行なわれたが、それは寺社の建立や修復、社会事業などの費用を捻出するねらいだったからである。しかし、実際には寺社が勧進元になるのではなく、町人が勧進元をつとめ、寺社奉行の許可をもらって相撲興行をした。収益の一部を開催地の寺社に寄進したが、ほとんどは興行主と力士のものとなった。そのため、宝永《ほうえい》年間（一七〇四〜一〇）ごろから、寺社奉行へ出す願書に「渡世《とせい》のために勧進相撲をいたしたく」と記すようになった。

いまでも、大相撲の番付に「蒙御免《ごめんこうむる》」とあるが、これは寺社奉行の免許（御免）を受けた（蒙《こうむ》った）相撲、ということの名残《なごり》だ。しかし、相撲に便乗して喧嘩口

勧進相撲の様子

『東都歳時記』より作図。左手奥に弧を描く両国橋が見えている。葦簀がこいの三階席も桟敷も、びっしりと客で埋まっている。土俵は俵で二重にかこったもの。四色の布を巻き付けた柱は、現在の相撲では天井から下がる四色の房に置き換えられている。

論や刃傷《にんじょう》沙汰《ざた》がくりかえされたため、治安維持を口実に勧進相撲が禁止されたこともある。

勧進相撲の興行場所は、天保《てんぽう》四年（一八三三）以降、両国の回向院《えこういん》境内に固定された。だが、それ以前には、深川八幡、芝神明、市ケ谷八幡、浅草大護院などで行なわれた。

天保九年（一八三八）刊の『東都歳《とうとさい》時記《じき》』に「勧進相撲」の絵がのっている。それを見ると、土俵には四本の柱があり、俵で二重に囲んであるが、客席の周囲は大規模な葦簀がこいを設けたもの。葦簀がこいとはいえ、二階、三階席もあり、数千人もの客がつめかけたという。絵からもその熱気が伝わってくる。

●命がけの危険な勝負

小屋の外には高さ十六メートルの櫓《やぐら》があり、ここで太鼓がたたかれた。興行がある朝は、それを知らせる寄せ太鼓、取組みの終了時には「明日もよろしく」というはね太鼓が叩かれる。

表門を入り、大札場で入場料を払うと、華ばなしく立ち並ぶ、ひいきののぼりが目に飛び込んでくる。祝いのこもかぶり（こもでおおった酒樽）が積まれ、その上に巨大な鯉《こい》の作り物が飾られた。向かい側には、芝居茶屋に似た相撲茶屋が並んでいる。また、力士名を書き出した巨大な展示台も建てられていた。相撲場のなかに入ると中央には四本の柱と屋根を持つ土俵が目に入り、その回りに一般席がある。

土俵の四方に立てられた柱は、青龍《せいりゅう》・白虎《びゃっこ》・朱雀《すざく》・玄武《げんぶ》の四神をあらわす四色の布が巻かれ、それぞれの柱には刀が縛りつけられている。この柱に寄りかかるようにして審判が四人すわり、力士同士が熱くなりすぎて収まらないと、柱の刀を抜いて間に割って入ることになっていた。

回向院　『江戸名所図会』より

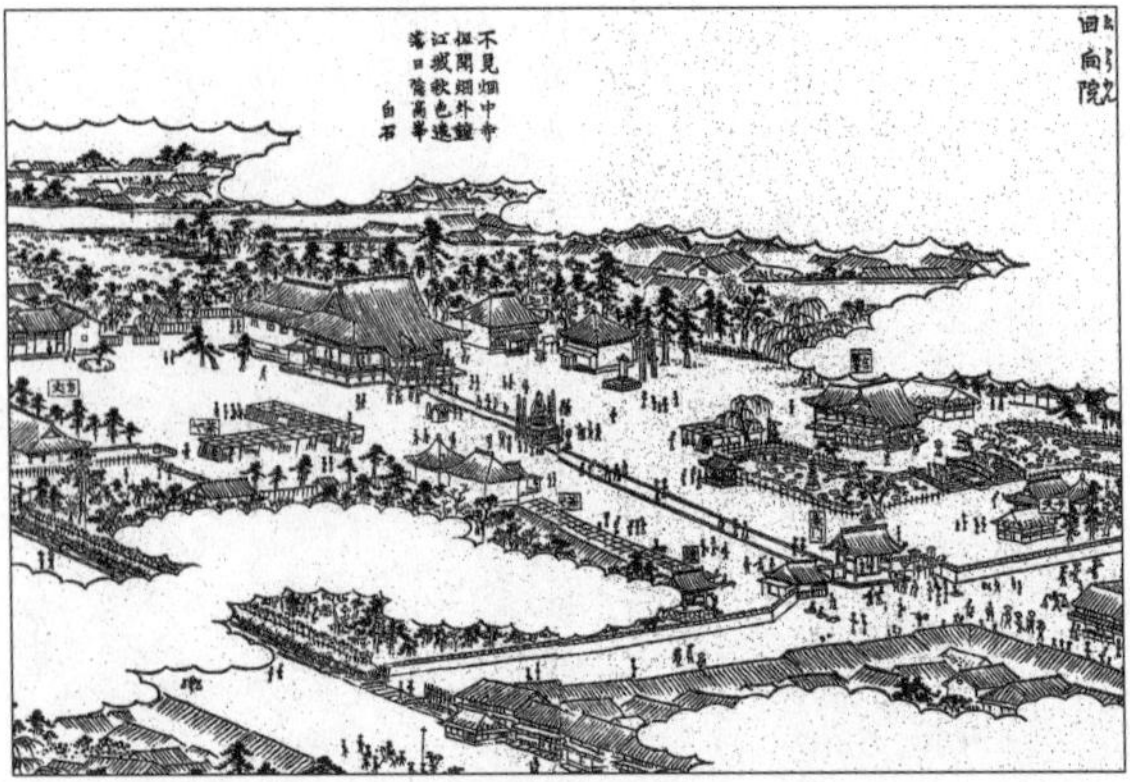

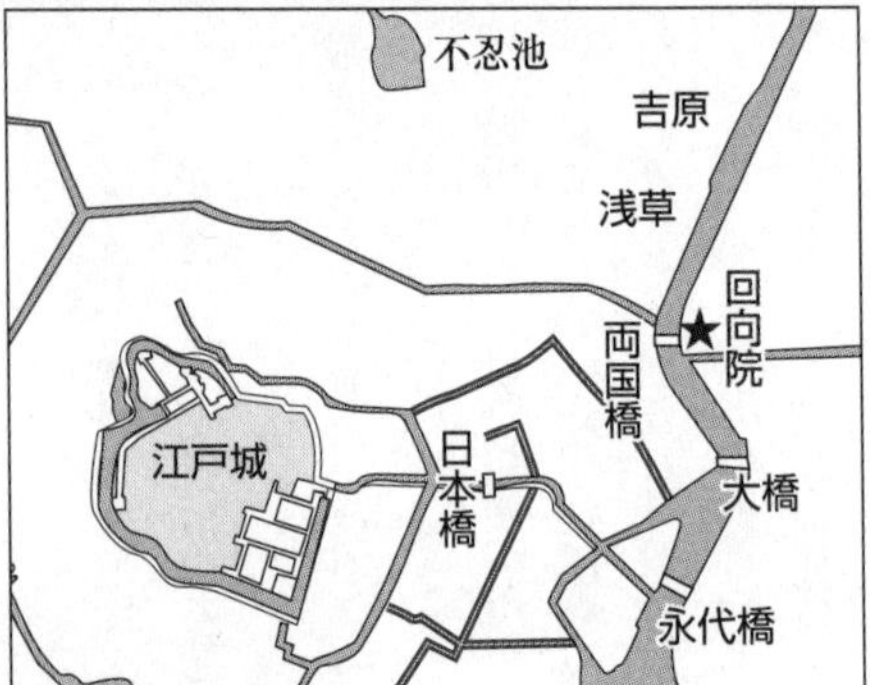

明暦3年（1657）の大火後、幕府の命令でつくられた万人塚が回向院のはじまりだった。表門を入って左手奥には茶屋が立ち並んでいて、当時の賑わいをうかがえる。

新吉原

「不夜城」と呼ばれた江戸最大の歓楽街

夢の舞台絢爛豪華な花魁道中

桜の季節になると、吉原遊廓は夜桜を楽しもうとする江戸庶民で賑わった。いまならどこでもライトアップしているから、夜桜はさほど珍しいことではない。だが、江戸時代、夜はどこも暗く、夜桜を楽しめるのは吉原遊廓だけだった。

吉原では毎年三月一日になると、中央の通りに数千本もの桜を植え、下には黄色の山吹《やまぶき》を植えた。まわりを青竹の垣根でかこい、雪洞《ぼんぼり》を立てて明かりをともす。その桜並木の下を、華やかな花魁《おいらん》道中がゆっくりと進む。

別世界を演出してみせたが、人びとは夜桜もさることながら、「外八文字《そとはちもんじ》」という独特の歩き方をする遊女の、豪華な衣裳に見とれて溜息をついた。

もともと江戸の遊女屋は市中に散在し、思い思いに営業していた。しかし、幕府は元和《げんな》四年（一六一八）十一月、風紀上の問題があるとして一か所にまとめ、吉原遊廓として開業させた。場所は葺屋町《ふきやちょう》の東隣にある沼地（中央区日本橋人形町）で、ここを埋め立てて造成した。葭《あし》が生い茂っていたため、当初「葭原」と呼ばれていたが、その後、縁起をかついで「吉原」に改められた。

しかし、明暦《めいれき》三年（一六五七）の大火で、吉原遊廓も全焼。幕府はこれを機に、浅草寺裏（台東区千束《せんぞく》）へ移転させたのである。ところが、江戸の中心部からは遠く、しかも格式ばって遊興費が高く、客集めに苦労をしたようだ。吉原が栄えたのは江戸後期、遊興費が安くなるほど大衆化が進んだ結果だった。

最高の教養を身につけた花魁

吉原への道は、浅草から日本堤《にほんづつみ》と呼ばれた土手道を歩いていくか、駕籠《かご》や馬に乗っていく。もう一つ、猪牙舟《ちょきぶね》で隅田川から山谷堀《さんやぼり》をさかのぼる方法もあった。

吉原は四方を堀で囲まれており、出入口は北の大門《おおもん》だけ。なかに入ると大きな通りがのびており、これを仲の町と称した。これをはさんで、右側に江戸町一丁目、揚屋《あげや》町、京町一丁目があり、左側に伏見《ふしみ》町、江戸町二丁目、角《すみ》町、京町二丁目が並んでいた。吉原は「不夜城」と呼ばれたが、宝井其角《たからいきかく》は「闇の夜は吉原ばかりが月夜かな」という句を詠んでいる。

新吉原の図

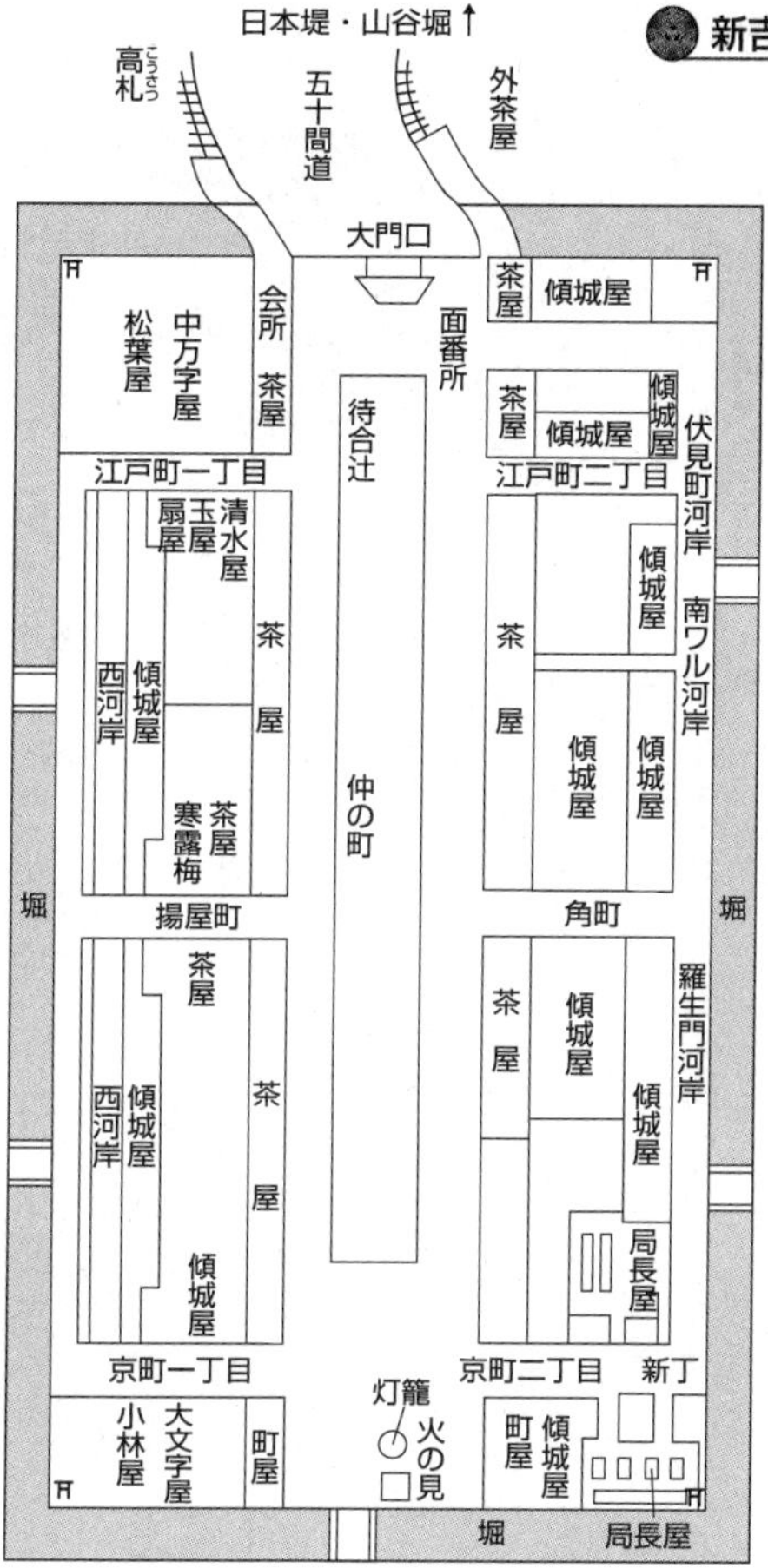

日本堤・山谷堀↑
高札《こうさつ》
五十間道
外茶屋
大門口
会所
茶屋
面番所
茶屋
傾城屋
中万字屋
松葉屋
茶屋
傾城屋
傾城屋
待合辻
江戸町一丁目
江戸町二丁目
伏見町河岸
清水屋
玉屋
扇屋
茶屋
西河岸
傾城屋
茶
屋
寒露梅
茶屋
仲の町
茶
屋
傾城屋
傾城屋
傾城屋
南ワル河岸
堀
揚屋町
角町
堀
茶屋
西河岸
傾城屋
茶
屋
傾城屋
茶
屋
傾城屋
傾城屋
羅生門河岸
局長屋
京町一丁目
京町二丁目
新丁
灯籠
小林屋
大文字屋
町屋
火の見
町屋
傾城屋
堀
局長屋

仲の町に桜を植えて、夜桜を楽しんだ。国主がうつつを抜かして城を傾けるほどの美女、という故事から花魁のことを傾城《けいせい》ともいう。傾城屋とはつまり花魁のいる妓楼のことだ。

新吉原仲之町八朔の図 『江戸名所図会』より

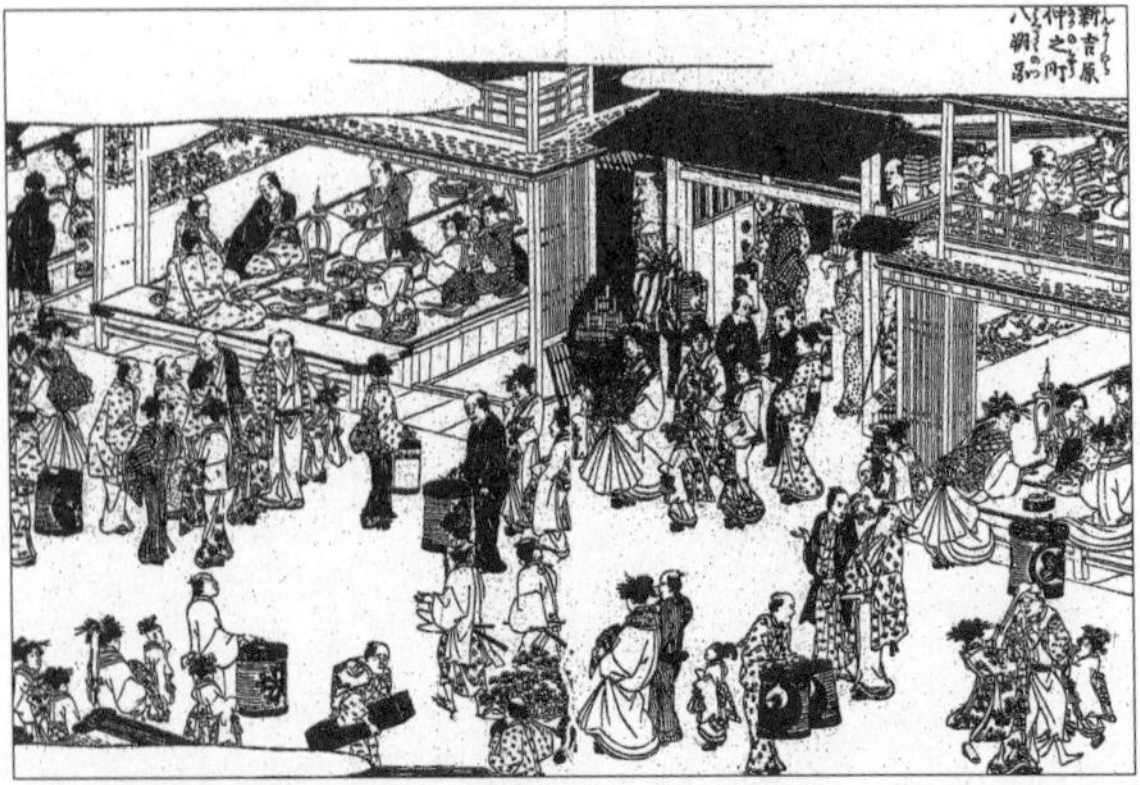

八朔とは八月一日のことである。徳川家康が江戸城入りした日で、江戸の祝日だった。
この日吉原では遊女たちが白無垢で客を迎える。

遊女の数は、二千人から四千人。遊女屋は、大見世《みせ》、中見世、小見世などの違いがある。寛政《かんせい》八年（一七九六）刊の『吉原細見《さいけん》』によれば、二分以上の遊女だけの大見世が十軒あった。

二分は一両の二分の一で、いまの五万円ほど。花魁《おいらん》（上級遊女）は一両二分、約十五万円が必要だったという。むろん、さらに大衆的な河岸見世《かしみせ》もあった。

吉原は江戸で最大の歓楽街だが、上級遊女たちの座敷は文化サロンの趣があった。彼女達は茶の湯や生け花、和歌、俳諧《はいかい》など、最高の教養を身につけていたからだった。

妓楼内部　『青楼鳥瞰図』より作図

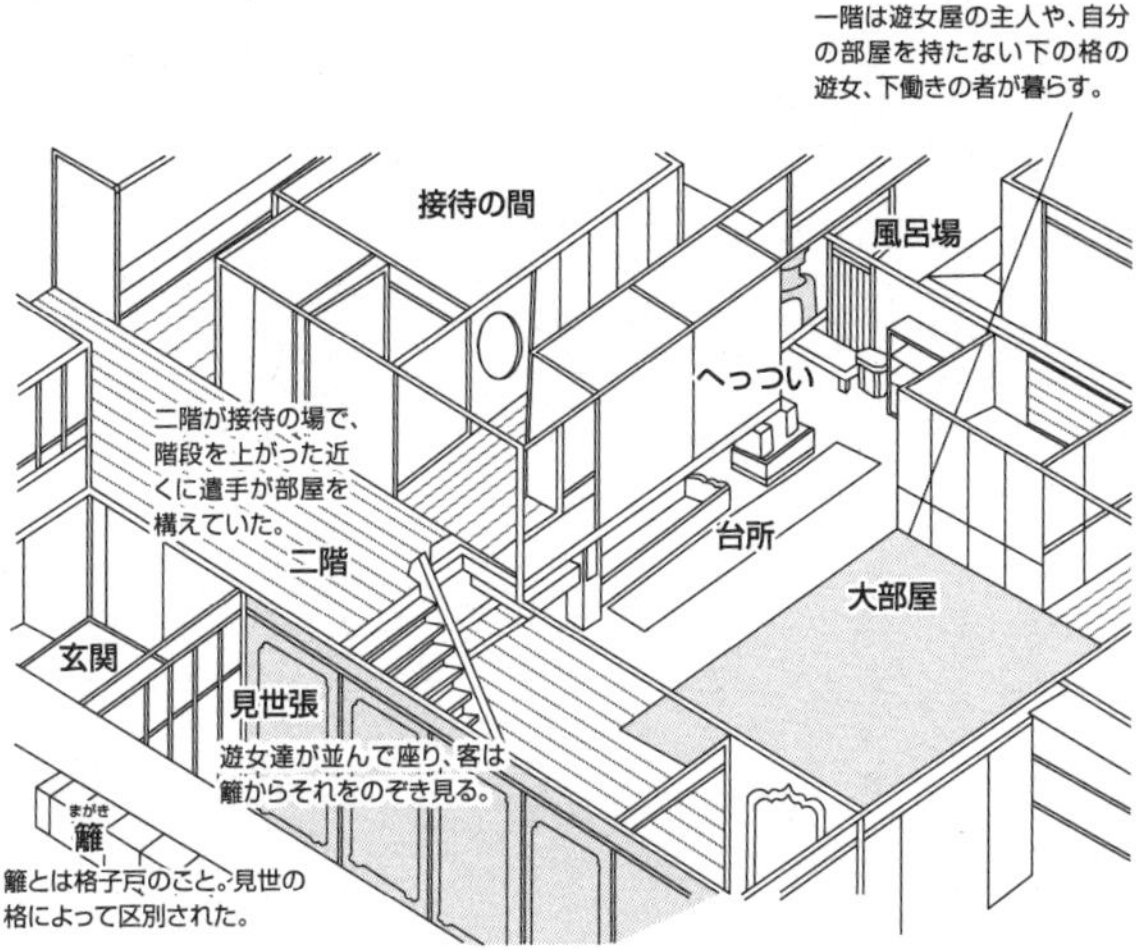
一階は遊女屋の主人や、自分の部屋を持たない下の格の遊女、下働きの者が暮らす。
接待の間
風呂場
へっつい
二階が接待の場で、階段を上がった近くに遣手が部屋を構えていた。
二階
台所
大部屋
玄関
見世張
遊女達が並んで座り、客は籬からそれをのぞき見る。
籬《まがき》
籬とは格子戸のこと。見世の格によって区別された。

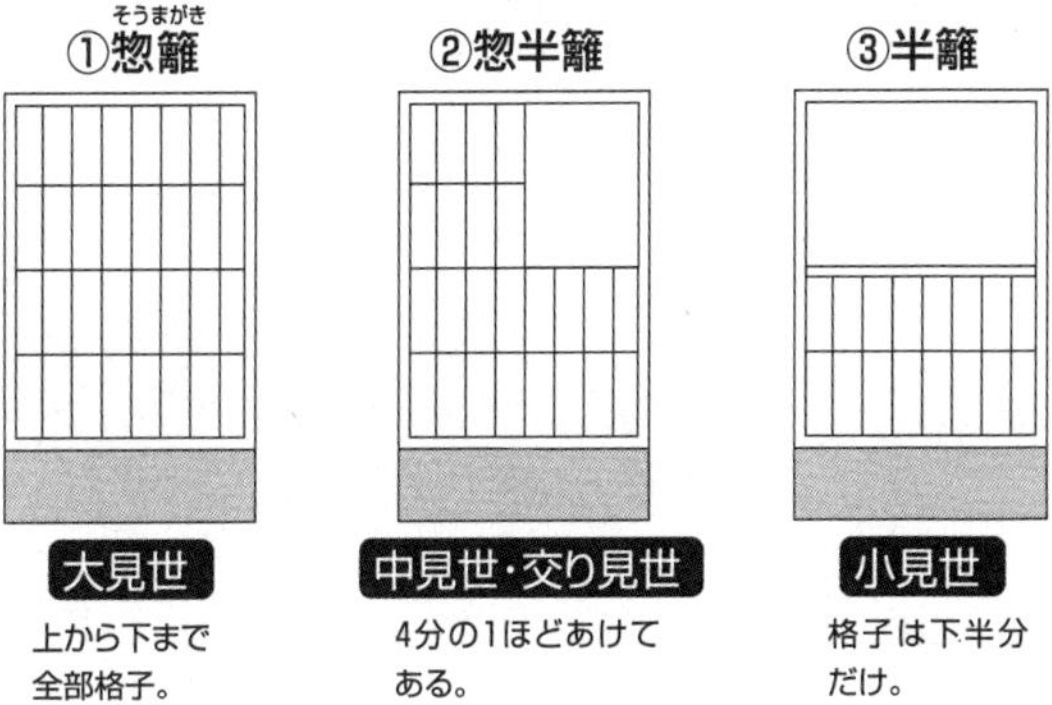
①惣籬《そうまがき》
②惣半籬
③半籬
大見世
上から下まで全部格子。
中見世・交り見世
4分の1ほどあけてある。
小見世
格子は下半分だけ。

寺子屋

世界的にもトップクラスだった江戸の教育

◆教育熱心な江戸の親たち

江戸っ子は、教育熱心であった。それというのも江戸中期には生産力が向上し、商品の流通が盛んになったから、なにをするにも基礎教育、すなわち「読み、書き、そろばん」が必要だったからだ。

寺子屋《てらこや》では、まず最初に「いろは」を教えた。読み方と書き方を学ぶのだが、半紙を綴《と》じた「手習草子《てならいぞうし》」が真っ黒になるまで書く。

「往来物《おうらいもの》」といわれる教科書で漢字や熟語、さらに地理や年中行事などを学んだ。発行された往来物は七千種におよぶというから、多岐にわたっていた。それぞれの子どもと家庭環境に応じて、その子どもに必要なものを教師が選んで教えるマンツーマンシステムで学習が進められていた。最近「個別指導」が売りの学習塾が流行しているが、これは江戸時代への先祖返りといってもよさそうだ。

だれでも寺子屋の師匠になることができた。しかし、実力社会だから、知識が豊富で、教え方がうまく、人柄のよい師匠が評判になった。いい加減な師匠のところには子どもが寄りつかず、自然に淘汰された。

多かったのは「読み、書き、そろばん」が得意な商家の隠居で、ほかに幕臣《ばくしん》、諸藩士、浪人、書家、医者、僧侶などさまざまな身分の人が教えていた。女性も多く、女性の師匠は女子に裁縫《さいほう》を教えることもしていた。

子どもは五～八歳になると、親が情報収集して適当と判断した寺子屋に通う。このとき自分の机（天神机《てんじんづくえ》）を買ってもらうのだが、この机を一生使う人も少なくなかった。

寺子屋に入学するのに「束修《そくしゅう》（入門料）」のほか、机や硯箱《すずりばこ》、筆、墨などの学用品を含めると、約八百文（約二万円）の費用が必要だった。裏長屋の住人にとっては、かなりの負担になった。

寺子屋の規模はまちまち

一般的に「寺子屋」と称しているが、これは上方《かみがた》のいい方で、江戸では「手習師匠」とか、たんに「師匠」と呼んだ。

寺子屋の様子

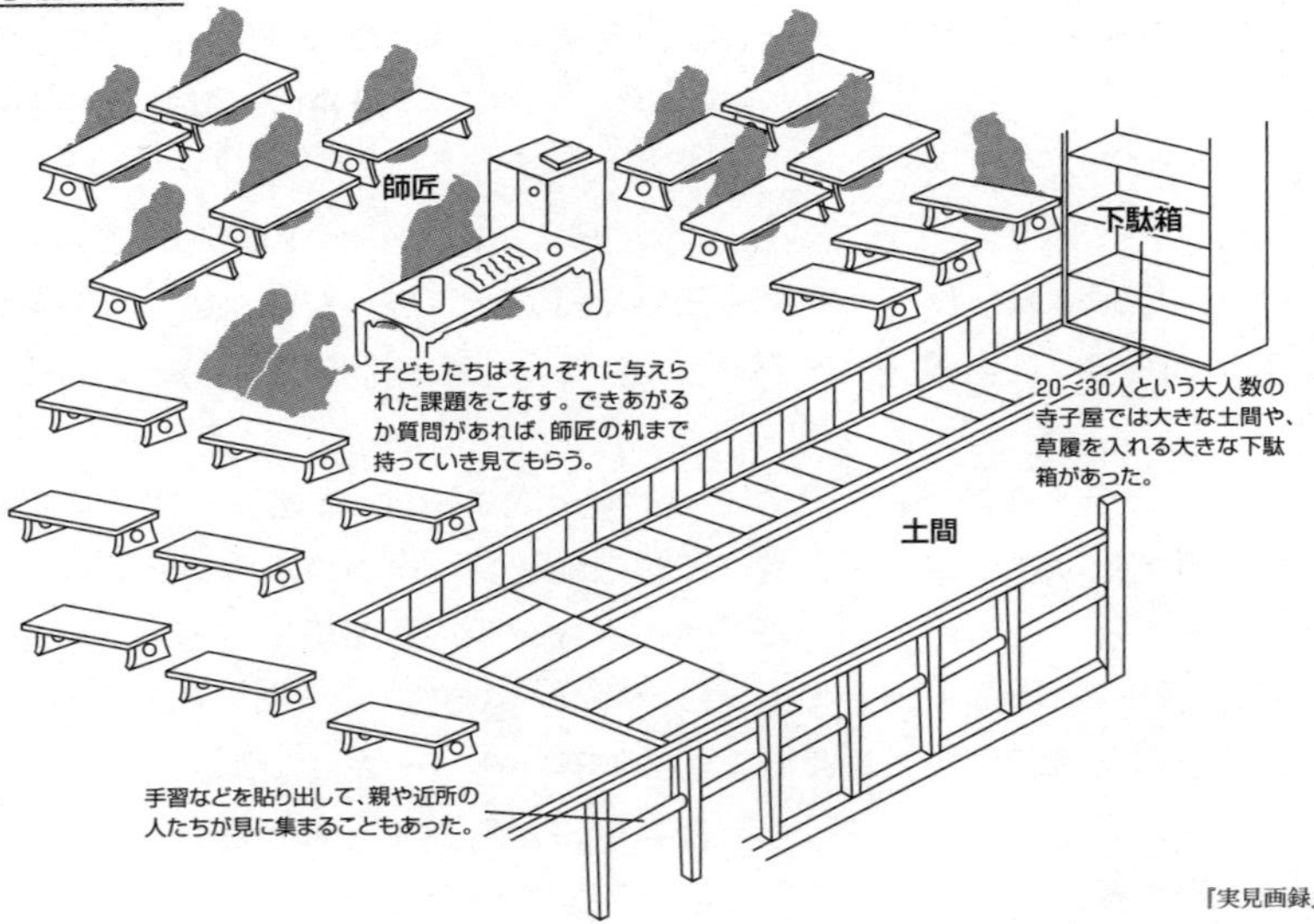
師匠
下駄箱
子どもたちはそれぞれに与えられた課題をこなす。できあがるか質問があれば、師匠の机まで持っていき見てもらう。
20〜30人という大人数の寺子屋では大きな土間や、草履を入れる大きな下駄箱があった。
土間
手習などを貼り出して、親や近所の人たちが見に集まることもあった。

『実見画録』より作図

寺子屋の広さや長屋で四～五人の子どもに教えるところから百人もの子どもを抱えるところまで、まちまちだった。

たとえば、二～三十人の子どもが集まるような寺子屋は、入口に広い土間と下駄箱を設けてあった。教室として使われる部屋は八畳一間とか、六畳二間とかいったところで、縁なしの畳が敷かれ、子どもたちは簡素な机を何列かに並べて読み書きを習う。一人ひとりに違う課題があたえられていて、質問があるときや課題ができ上がると、師匠の座っている机まで行って、見てもらった。

師匠のなかには、生徒が多く、寺子屋の経営だけで生活を支えるものがいたが、ほとんどは内職か、ボランティアで教えているという師匠が多かったようだ。

一方、町内の大人たちも教育熱心だったから、教え方がうまく、人柄のいい師匠を大事に扱った。裏長屋の小さな部屋で開いていても、評判がよければ、大家や地主が広い教室を世話するなど好意的だった。

【おもな参考文献】

『町屋と町人の暮らし』『大名と旗本の暮らし』『徹底復元◆天下の巨城の全貌　よみがえる江戸城』『お江戸の歩き方―歴史を体感する、タイムマシン時代の観光ガイド』学習研究社／『東京時代MAP　大江戸編』光村推古書院／『図説・江戸奉行書事典　普及版』『復元江戸生活図鑑』柏書房／『ヴィジュアル百科江戸事情　建築編』『ヴィジュアル百科江戸事情　生活編』雄山閣出版／『尾張藩江戸下屋敷の謎―虚構の町をもつ大名庭園』中央公論社／ほか

本書は二〇〇九年『図説　見取り図でわかる！江戸の暮らし』として
小社より新書判で刊行されたものに加筆・修正したものです。

青春文庫

図説 家康《いえやす》が築《きず》いた 江戸《えど》の見取《みと》り図《ず》

2023年 5 月20日 第 1 刷

著 者 中《なか》 江《え》 克《かつ》 己《み》

発行者 小澤源太郎

責任編集 株式会社プライム涌光

発行所 株式会社青春出版社

〒162-0056 東京都新宿区若松町 12-1
電話 03-3203-2850（編集部）
03-3207-1916（営業部）
振替番号 00190-7-98602

印刷／中央精版印刷
製本／フォーネット社
ISBN 978-4-413-29827-8

大好評！中江克己の江戸学シリーズ

江戸の「水路」でたどる！

水の都 東京の歴史散歩

徳川家康が描いた
壮大な都市計画とは！
100万都市・江戸が
東京に発展したその秘密に迫る

ISBN978-4-413-04556-8　1030円

江戸っ子はなぜこんなに遊び上手なのか

浮世風呂で汗を流し、昼は屋台の鮨、
天麩羅。相撲に芝居に寺社詣で。
夜は居酒屋、そして吉原…
浮世絵と名所図会で味わう
江戸っ子の粋な毎日！

ISBN978-4-413-04486-8　900円

お願い　ページわりの関係からここでは一部の既刊本しか掲載してありません。折り込みの出版案内もご参考にご覧ください。

※上記は本体価格です。（消費税が別途加算されます）
※書名コード（ISBN）は、書店へのご注文にご利用ください。書店にない場合、電話または Fax（書名・冊数・氏名・住所・電話番号を明記）でもご注文いただけます（代金引換宅急便）。商品到着時に定価＋手数料をお支払いください。
〔直販係　電話03-3207-1916　Fax03-3205-6339〕
※青春出版社のホームページでも、オンラインで書籍をお買い求めいただけます。ぜひご利用ください。〔http://www.seishun.co.jp/〕